NEUROCIENCIA APLICADA AL
BALONMANO

Concepto y 70 tareas para su entrenamiento

Grupo IAFIDES

Título: BALONMANO. NEUROCIENCIA APLICADA AL BALONMANO. CONCEPTO Y 70 TAREAS PARA SU ENTRENAMIENTO
Autor: GRUPO IAFIDES
Corrección del texto: MANUELA CASTILLO SOLER

Editorial: WANCEULEN EDITORIAL
Sello Editorial: WANCEULEN EDITORIAL DEPORTIVA

ISBN (Papel): 978-84-18486-56-2
ISBN (Ebook): 978-84-18486-57-9

DEPÓSITO LEGAL: SE 1863-2020

Impreso en España. 2020

WANCEULEN S.L.
C/ Cristo del Desamparo y Abandono, 56 - 41006 Sevilla
Dirección web: www.wanceuleneditorial.com y www.wanceulen.com
Email: info@wanceuleneditorial.com

ÍNDICE

INTRODUCCIÓN

El neurocientífico e investigador Fabricio Ballarini habla de que "las investigaciones de neurociencia nos dicen que recordamos y sabemos de los eventos novedosos, los que interrumpen la rutina" ... "hay que educar al cerebro".

"La neurociencia deportiva es práctica, tiene que ver con los focos de atención, los tiempos de retención, como manejar el estrés... es algo experimental"

La neurociencia es un área científica que estudia del sistema nervioso en todo su ámbito. La neuroeducación es la aplicación de la neurociencia al aprendizaje y estudia cómo funciona el sistema nervioso cuando aprendemos. La neurociencia educativa estudia el proceso por el que nuestro cerebro aprende basándose en la genética, el entorno y la experiencia, junto con los procesos cognitivos y emociones y, además, estudia qué sentimientos influyen en el aprendizaje.

Hay una tendencia educativa muy fuerte afianzada en estos conceptos y cada día se ve más reflejada en la enseñanza del deporte, aunque que mal entendida puede llevar a errores y a no conseguir los resultados pretendidos.

El proceso de la toma de decisión es:

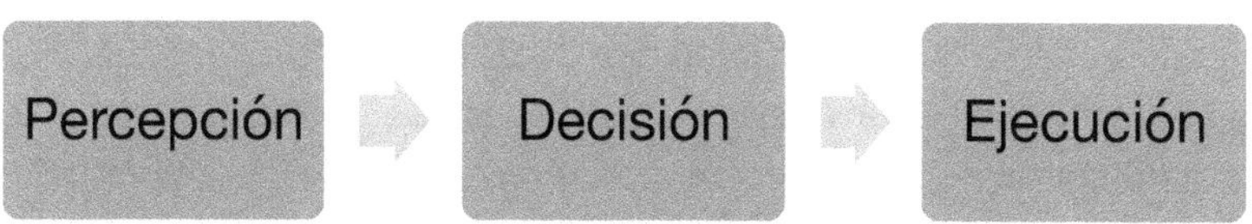

Pero en deportes como el balonmano, en el que se toman muchas decisiones en cada acción, la realidad es cambiante y el jugador está sometido a estrés competitivo en su desarrollo y aprendizaje (aparecen la testosterona y el cortisol) y el mecanismo de nuestro cerebro tiene que responder a las distintas situaciones sin posibilidad de pensar cuál es la mejor solución. La experiencia y el control de las emociones hará que el mecanismo sea:

Entenderemos por estímulo la percepción de lo que está sucediendo usando los sentidos para decidir con mayor pericia, pero sin la posibilidad de reflexionar para dar una respuesta.

El foco de atención hay que ponerlo en lo importante y ser selectivo, esa capacidad es importante para el desarrollo de los jugadores.

Para desarrollar la neuroplasticidad se necesita de distintos tipos de memoria:

- Memoria declarativa: capacidad de recordar eventos, números, estímulos sensoriales y relatorios.
- Memoria de procedimiento: capacidad de ejecutar acciones motoras complejas aprendidas con anterioridad.

Los entrenadores tenemos que buscar desarrollar una inteligencia resolutiva.

Cuando intentamos explicar los entresijos del balonmano, tendemos a intentar desglosarlo y desmenuzarlo para poder entenderlo y mejorar nuestra argumentación acerca del porqué hacemos una u otra cosa en nuestra rutina metodológica.

En cualquier ámbito de la vida, cuando se falla en una situación, se repite una y otra vez hasta que salga bien, mejorando la ejecución o algún aspecto que creamos haber fallado para alcanzar la excelencia de lo planteado. Ahora bien, un partido de balonmano tiene una peculiaridad que lo hace diferente a otras actividades o deportes: no existen dos situaciones iguales que se repitan en el tiempo. Un jugador está constantemente tomando decisiones ante distintos escenarios. Hasta la ejecución de un penalti, que puede ser la más aislada o repetitiva en el tiempo durante los partidos, es una acción que cambia según el portero que tenga enfrente, el lanzador, el minuto de partido, el resultado del encuentro, si es el primero que tira o ya ha tirado otros durante el mismo... No existen dos penaltis iguales. La clave del aprendizaje es que puedo aprender de los errores que cometa, para no volver a cometerlos y, cuando me encuentre con una situación "igual", el conocimiento y la habilidad que tenga para descartar los estímulos que no tengan trascendencia y para identificar los que puedan influir hará que consiga el resultado pretendido.

Entonces... ¿cómo entrenamos a los jugadores? Si haga lo que haga nunca voy a poder simular lo que va a pasar en el partido...

Cualquier acción requiere una interpretación de lo que está sucediendo, pero no puede ser reflexiva. No existe tiempo para valorar. Si el jugador se para a reflexionar y a valorar perderá cualquier tipo de ventaja que pueda tener ante una situación. Los entrenadores tenemos que darles herramientas para que su ejecución sea eficaz y para que el jugador sea eficiente. Digo eficaz, porque los goles valen de igual manera siempre que se hagan cumpliendo el reglamento.

El jugador tiene que estar en condiciones óptimas para competir y poder rendir durante los partidos. Si un jugador falla un pase en un partido no sólo tiene que ser porque sea malo técnicamente o porque no lo haya ejecutado bien; puede ser porque se puso nervioso ante la presión del rival y se precipitó, porque el compañero se desmarcó tarde, porque eligió a un compañero que estaba marcado, porque el rival se anticipó a su acción...

Parar a los dos equipos en una simulación de la acción en la que se le explique al jugador en cuestión cómo o dónde tenía que haber ejecutado el pase se considera una pérdida de tiempo y de energías que no producirá ninguna mejora en el jugador ni en el equipo. Hay que darle un feedback rápido y conciso y seguir con lo siguiente. Igualmente, después de esto, poner a un jugador enfrente de otro (vis a vis) y hacer un alto número de repeticiones de pases para la corrección de lo sucedido en busca de una mejora del juego colectivo sigue siendo poco útil. Las situaciones rutinarias se olvidan.

Se aprende a pasar equivocándonos en el pase, y pasando una y otra vez en distintas situaciones, lo importante no es que el pase esté bien ejecutado en cuanto a unos patrones de ejecución del gesto técnico (que es lo que queríamos), lo importante es que, cuando lo falle, lo recupere pronto o cómo nosotros le pedimos que lo recupere para poder tener otra posibilidad de pasar el balón y conseguir que llegue al compañero que era el objetivo, por ejemplo.

Entonces, tenemos que preparar al jugador para que sea capaz de resolver todas las acciones del juego, porque a lo mejor lo que estuvo mal ("con el periódico del lunes") no es el pase, sino que no debió pasar para seguir manteniendo el balón y atraer a los rivales, creyó que el jugador al que le pasó estaba desmarcado y no era así... con lo cual, tenemos que preparar a los jugadores para que sean capaces de resolver las situaciones de juego.

La tendencia para corregir un error es aislarlo y trabajarlo de manera aislada para la mejora del rendimiento, pero la experiencia y el entendimiento del juego como una realidad única indisoluble hace pensar que nos acerca más al error porque no produce una mejora en el juego colectivo, produce una mejora de una acción aislada, que nunca más se volverá a repetir durante la vida deportiva del jugador.

En la búsqueda de la perfección de los modelos de juego, los entrenadores tendemos a desmenuzar el juego con principios, subprincipios, subsubprincipios... que nos hacen explicar cómo juega nuestro equipo y esto hace que en muchas ocasiones nuestros entrenamientos se pierdan en la mejora de factores técnicos aislados que pensamos que son los que hacen errar a los jugadores y puede ser, por poner un ejemplo, que nuestro modelo de juego les esté pidiendo a nuestros jugadores cualidades técnicas que no les pertenecen, que no son las que les hacen mostrar su talento o que la decisión no haya sido la adecuada.

En etapas de formación nos gusta enseñarles a los jóvenes cómo es el envío para la ejecución del pase corto y hacer esa demostración *"que saca a relucir esa calidad técnica que tenemos todos los entrenadores, muy superior a la de nuestros jóvenes aprendices"*.

El jugador bueno que todos queremos tener en nuestro equipo es el que sabe cuándo tiene que hacer un pase en vez de conducir, el que pasa "bien" al compañero, el que interpreta la acción de un compañero, el que se anticipa al juego del contrario..., en definitiva, el que toma bien las decisiones durante el partido.

Es igual de válido un pase corto con bote previo que sin que toque el suelo antes de llegar al compañero siempre y cuando llegue en buenas condiciones a este (con ventaja). Puede no ser igual de estético según los patrones para el pase corto, pero si el jugador puede ejecutarlo con destreza y consigue su objetivo de manera habitual... ¿por qué no?

Los entrenadores somos "esclavos" de nuestra metodología, presos de periodos de entrenamiento y de calendarios de competición. El profesor Julio Garganta habla del talento como algo que no se descubre, se alcanza. El talento hay que potenciarlo y ponerlo en valor. "El talento no se encuentra como con un detector de metales, que pita cuando lo tienes delante" (Julio Garganta).

Cuando entrenamos o preparamos a nuestros equipos tenemos que diseñar nuestras sesiones de entrenamiento. Hoy en día se hacen multitud de tareas intentando "perturbar" la decisión para condicionar al jugador en su toma de decisión: cambiándole el color en el último momento que le indica dónde tiene que tirar, decir un número y tiene que desplazarse hacia un lugar, tocar el silbato y finalizar la jugada... No llego a entender que en un "juego", en el que intervienen tantos factores, que queremos que el jugador domine y sepa interpretar en cada momento, los estímulos que utilizamos para que el jugador ejecute no tienen nada que ver con el juego.

Durante el juego se coordinan diferentes procesos cognitivos de manera simultanea con la visión periférica.

La visión periférica es importante, pero saber poner el foco en lo relevante es clave para la correcta toma de decisión. Existe un gran número de trabajos aplicados desde el área física en su mayor parte que utilizan estas teorías y estos artículos científicos sobre el aprendizaje en los entrenamientos, pero muy alejados del juego.

En todas las facetas del entrenamiento se intentan copiar cosas de otros deportes que a lo mejor están más avanzados o tienen un mayor grado de estudio y demuestran transferencia. Las situaciones no se repiten nunca en el juego, no hay dos pases iguales en un partido, no hay dos lanzamientos iguales en un partido, no hay dos ataques iguales en un partido... Entonces, si estamos de acuerdo en esto, ¿no sería mejor preparar a nuestro equipo para que sepa reaccionar mejor ante las situaciones que se dan en el juego y ante estímulos que tengan que ver con este y no con colores, números, palmadas, pitido del silbato...? Tengo muchas dudas de que en un entrenamiento el hecho de que un jugador "vea el rojo y se desplace hacia donde está el color rojo", tenga algo que ver con el juego, con su preparación y con su mejora como jugador. Mejorará capacidades del individuo, pero no entiendo que mejore como jugador. Es como si pensáramos que a un atleta de 50 metros lisos le va a producir una mejora de su rendimiento en la competición salir hacia el lugar rojo después de ver ese color.

Además de esto, nos encontramos con una variable más que, en nuestro intento por "perturbar" el juego al jugador, nos lleva a querer inventar, hasta el punto de que no somos conscientes de que estamos "desentrenando" a nuestros jugadores. ¿Qué pasa en un partido cuando suena un silbato? Pues que se pone en juego el balón o que se tiene que detener el juego. Y si nosotros usamos el silbato para cambiar de zona de juego, para tirar a portería, para pasar el balón... estamos utilizando un estímulo que el jugador tiene que identificar durante el partido para sacar rápido, pararse... para algo que no le va a ser útil después e, incluso, puede crearle alguna confusión en edades tempranas.

Con esto no quiero decir que no se hagan juegos de activación, que no se hagan este tipo de tareas que nos pueden servir para entretener a los jugadores o como dinámicas de equipo, sólo expreso que, si queremos entrenar balonmano y sacar mayor rendimiento a los entrenamientos, los que no tenemos muchas horas para poder entrenar a nuestros equipos tenemos que intentar que nuestras tareas tengan la mayor transferencia al juego posible.

Siempre será mejor trabajar para que nuestro equipo en una tarea pase a atacar cuando pierda el balón el equipo contrario, pase cuando haya un movimiento de desmarque del compañero, presione cuando el equipo contrario llegue a una zona... y conseguiremos mayor transferencia al juego o a nuestro juego, según el equipo donde estemos, la edad o capacidad de los jugadores que entrenemos y el modelo de juego que queramos desarrollar con nuestro equipo.

Se podría argumentar que estos estímulos intentan "molestar" al jugador para entrenar la capacidad de enfocarse en lo que está haciendo. Estímulos que nunca se va a encontrar en un partido.

¿Y si lo ponemos a pasar el balón ante jugadores que se intentan desmarcar? Unos lo conseguirán y otros no. El jugador tendrá que identificar el estímulo al que tiene que reaccionar (jugador bien desmarcado) y pasarle el balón con ventaja para recibir descartando todos los demás estímulos (desmarques que no se consiguieron). Y si además el jugador pasa ante la presión de un jugador, se cruzan jugadores por medio, colocamos una portería con portero para que el jugador que reciba el pase finalice, si falla el pase tendrá que presionar para volver a pasar... podremos aumentar la carga cognitiva de lo que estamos entrenando, utilizando elementos del juego. Estímulos ante los que tendrá que reaccionar y dar una respuesta o descartar.

De esta manera conseguiríamos contextualizar las acciones, hasta el punto que lo consideremos necesario y atendiendo al nivel de los jugadores a los que vayamos a exponer las tareas. Controlando y adaptando las cargas cognitivas.

La teoría de la carga cognitiva explica que el aprendizaje de una tarea demanda el reclutamiento de recursos neuronales, tales como la atención y la memoria de trabajo. Si la tarea consume un nivel excesivo de estos recursos la información no se procesará en su totalidad, lo que generará una disminución del aprendizaje (Pass, Van Gog y Sweller, 2010; Shuggi, Oh, Shewokis y Gentili, 2017).

Hay que intentar como entrenadores que el entrenamiento sea un medio facilitador del aprendizaje.

Nuestro objetivo como entrenadores es ayudar a nuestros jugadores en su proceso de aprendizaje bien sea en formación o en alto rendimiento, compitiendo. En balonmano, por mucho que intentemos que la competición sea lo más sana y educativa posible en su iniciación, en un partido compites con un rival para ganarle, porque es inherente al juego mismo. Los estímulos y las respuestas tienen que estar encaminados al aprendizaje del jugador y tienen que tener estrecha relación con lo que puede pasar en un partido para que el aprendizaje sea significativo, bien sea una situación en la que la respuesta siempre sea la misma (por ejemplo, pasar) y que la decisión sea cómo pasar (largo o corto) o bien una situación en la que haya muchas respuestas (contraataque) y muchas posibles decisiones dentro de esa respuesta (puede haber infinitas en la ejecución).

Para ello, la complejidad de la tarea irá estrechamente relacionada con la capacidad de aprendizaje y el desarrollo de las capacidades del jugador o del equipo.

Las tareas más analíticas en el aprendizaje, para las mejoras de los gestos técnicos como tales, deben llevar una toma de decisión para su eficiencia, ya que enseñar los gestos técnicos disociados de todas las variables del juego, preparan al jugador para tener destreza en un golpeo determinado, a una distancia determinada, aplicando la misma fuerza y sin ninguna toma de decisión y los jugadores están constantemente tomando decisiones en un partido por la realidad cambiante del juego. Por ejemplo, dos jugadores uno enfrente de otro pasando el balón a 15 metros de distancia, es una tarea o ejercicio que sólo le producirá al jugador una mejora del pase a esa distancia precisa y el aprendizaje carecerá de mejora cognitiva alguna. Mientras que ese pase, si el compañero está variando la distancia, variando la velocidad a la que se mueve, devolviéndole el balón a distintas alturas, moviéndose entre contrarios, cambiando de espacios,... o cualquier otra variable que haga que la repuesta sea siempre la misma (que consistirá en pasar), la decisión de la ejecución será distinta y el proceso de aprendizaje llevará una carga cognitiva mayor y esto repercute directamente en la mejora del jugador en cuanto a las respuestas en el juego.

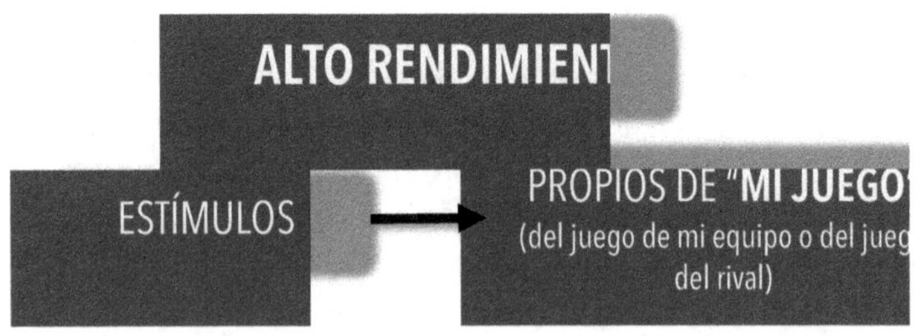

Lo ideal en el entrenamiento del modelo de juego y la estrategia operativa del equipo es que la tarea esté condicionada por los factores mas específicos que aparecerán en el partido para que haya una experiencia en el aprendizaje y la respuesta sea mejor y más rápida.

Existen multitud de reglas de provocación para que las tareas y los entrenamientos tengan el resultado requerido o que en el entrenamiento pase lo que nosotros queramos que pase y podamos encontrar ese matrimonio tan ansiado entre objetivo y contenido.

Para conocer y manejar todas las posibilidades durante un entrenamiento y que podamos alcanzar lo que buscamos en el entrenamiento propongo tres tipos de condicionantes:

- Condicionantes humanos.
- Condicionantes espacio-temporales.
- Condicionantes reglados.

Atendiendo a estos condicionantes siempre podremos conseguir que nuestras tareas consigan reproducir las situaciones que queremos que el jugador vivencie y tengan transferencia al juego.

Los condicionantes espaciotemporales, humanos y reglados de las tareas tendrán estrecha relación con el juego, no puede ser un condicionante para el jugador una cuerda para marcar la altura del pase, el condicionante debe tener relación con el juego, por ejemplo, poner un rival entre él y el compañero al que va a pasar e ir adaptando los espacios y número de jugadores al proceso de aprendizaje y al jugador o los jugadores.

Cuando queramos introducir los condicionantes humanos, utilizaremos los recursos humanos que tenemos a nuestro alcance para contextualizar el entrenamiento.

Por ejemplo, si me enfrento a un equipo rocoso y duro, pondré en todas las acciones en las que quiera que mi equipo trabaje la fase con balón "defensas" con esas características.

Una segunda opción para condicionar las tareas es utilizar el espacio y el tiempo para el desarrollo de las tareas.

Por ejemplo, si nos enfrentamos a un equipo como el que hemos expuesto anteriormente, podríamos reducir los espacios en los que se van a desarrollar las tareas algo más de lo que corresponde para que se den mayor número de situaciones en las que los jugadores aprendan a tomar la mejor decisión ante dicho equipo.

La tercera forma que tenemos para condicionarlo es de manera reglada en la que provocaremos lo que nosotros queremos que pase a través de reglas en las tareas.

En este caso, podríamos introducir la regla de que la primera falta que se realice no será falta, provocando que el equipo que tiene el balón juegue más rápido para evitar los contactos duros del rival.

De los tres tipos de condicionantes, el que acerca más al jugador a la realidad de la situación a la que se va a enfrentar en un partido es el condicionante humano, ya que lo hace más cercano a la competición y más "real" para el desarrollo de las tareas por lo impredecible del factor humano.

Al hablar del espacio y del tiempo existe el cuestionamiento acerca de la importancia de dominar uno u otro aspecto para ser superiores en un partido e imponer nuestro juego al del contrario.

Me parecen importantes las dos premisas para poder imponernos a los rivales. El dominio del tiempo es importante porque condicionará la efectividad de la ocupación de los espacios y el dominio de los espacios es importante porque ayudará a una mejor interpretación de los tiempos.

La velocidad está considerada en sus distintas versiones: de reacción, de ejecución, de decisión, de adaptación, gestual, de movimiento... como un factor determinante a nivel competitivo.

La velocidad es una ecuación en la que tienen mucho que ver dos factores a interpretar: espacio y tiempo. En el balonmano no se gana haciendo las cosas rápidamente, se gana haciendo las cosas "bien" o mejor que el otro equipo, a la velocidad que sea necesario para sobrepasar al rival o ser mejor que él. Se puede ser menos rápido que un contrario y llegar antes al balón, se puede ser más rápido que el adversario y no poder arrebatarle el balón... con lo cual, la velocidad va a ser determinante en situaciones puntuales que se requiera, pero la finalidad no es ser más rápido, sino meter más veces que el contrario el balón en la portería rival. En balonmano, a diferencia de otros deportes, te mides a un adversario y el objetivo es superarlo en el marcador, no en llegar antes a una cifra superándolo, sino en un tiempo determinado (la duración del partido) haber hecho más goles.

La *"rapidez"* (Verkoshansky, 1990) o la velocidad en todas sus formas de vislumbrarse, ya sea de reacción, de ejecución, gestual, de decisión... es la cualidad que hace "distintos" a los jugadores, nos hace diferenciarlos y está muy condicionada por el genotipo, que no quiere decir que no puedan entrenarse, sino que el nivel de mejora ante el entrenamiento es menor que en otros aspectos o puede tener un mayor o menor desarrollo en algunos individuos que en otros, atendiendo a su composición corporal.

Ahora bien, en esta "crítica" a la velocidad entra la afirmación de que el que antes llega al balón es el que se lo queda, el que evita que el balón entre en la portería antes que el rival lo meta consigue estar más cerca de la victoria... Por eso, el buen manejo y la buena interpretación de la velocidad específica del juego hará que un equipo gane o pierda un partido, ya que en sus múltiples interpretaciones nos ayudarán a ser superiores al equipo contrario, con lo que, a diferencia de otros deportes, la ecuación que nos hace ser determinantes es rival/ tiempo/ espacio.

Entonces... ¿qué tenemos que dominar en balonmano, los espacios o el tiempo? Hay que dominar al rival, aprovechando los espacios y el tiempo porque el medidor no será la velocidad tal cual... será la velocidad con respecto al rival. Los jugadores o la estrategia que mejor aprovechen los espacios y manejen mejor el tiempo en los partidos serán los más competitivos para acercarnos a la victoria y al aprendizaje. De ahí la importancia de los indicadores en el desarrollo del juego, porque nos ayudarán a identificar más rápido lo que está sucediendo y se activarán funcionamientos individuales y colectivos coordinados en espacio y tiempo condicionados por el rival, que nos darán un mejor y más rápido funcionamiento.

Al aplicar el concepto de neurociencia al balonmano no buscamos que los jugadores sean mas rápidos, que lo serán en las decisiones que tomen y en el tiempo que tarden en tomarlas, lo que buscamos es que el proceso o mecanismo de decisión que desarrollen les haga capaces de decidir bien en tiempo y forma con respecto a la situación que tengan que resolver y el rival al que se enfrentan en base a su percepción, conocimiento y experiencia, regulados por las emociones.

Consiste en aplicar las teorías del aprendizaje y de como aprende el jugador a la práctica del entrenamiento para su mejora y su evolución.

No es comprensible que después de tantas teorías y estudios, sobre todo de especialistas en el área física y de la enseñanza, se siguen promoviendo tareas en las que se les hace llegar al jugador estímulos que nada tienen que ver con el juego y generarle contextos para que resuelva situaciones que alejan al jugador de la realidad competitiva a la que se va a enfrentar... Y si, además, la respuesta es pasar una pelota de tenis bien con la mano, llevar un peto a una zona o solo tiene una posible decisión/ejecución... ¿dónde está la mejora de la toma de decisión en el proceso de aprendizaje del balonmano cuando nada tiene que ver con el juego? Entendiendo la toma de decisión como la respuesta a un estímulo que identifique.

Puedo llegar a entender este tipo de tareas dentro de un intento de usarlas en la iniciación deportiva, pero no acabo de compartirlas para la especificidad del balonmano.

El Doctor Robin Jackson, profesor de la Brunel University realizó un escáner a un grupo de futbolistas profesionales y los sometió a una prueba denominada: test de oclusión corporal. Llevó a cabo el test para averiguar cómo los jugadores anticipan las acciones de sus adversarios. El sistema de neuronas espejo era el origen de la capacidad de anticipación. La capacidad de adaptación más rápida es entrenable como cualquier otra habilidad o capacidad.

La propuesta, atendiendo a lo anteriormente expuesto y buscando que los entrenamientos sean más productivos en las diferentes etapas de formación, es una aplicación practica de la neurociencia (algo científico) al entrenamiento (algo práctico) para la mejora en el juego de nuestros jugadores en la etapa en la que se encuentren, basada en la interpretación que podemos hacer los entrenadores de la base científica que aportan los estudios del cerebro durante el aprendizaje de los deportes, en este caso del balonmano.

En las tareas que vamos a desarrollar para una mejora del aprendizaje aplicando los beneficios de la neurociencia, los indicadores y estímulos serán propios del balonmano para que haya una mayor transferencia del trabajo.

Hay una tendencia formativa muy fuerte afianzada en estos conceptos y cada día se ve más reflejada en la enseñanza de los deportes, pero que mal entendida puede llevar a errores y a no conseguir los resultados pretendidos. El objetivo es que el entrenamiento de nuestro cerebro esté relacionado con el balonmano y que las destrezas o avances que se consigan tengan repercusión directa en durante el juego (de los jugadores).

Estas tareas carecen de un contexto y el lector (entrenador) tendrá que condicionarlas en espacios y tiempos para conseguir el resultado requerido atendiendo a otros objetivos (sean secundarios o no) que se quiera alcanzar con la tarea: físicos, tácticos, de estrategia operativa, del modelo de juego... además de introducirlas en la parte que considere oportuno para llevarlas a cabo.

Hay que tener en cuenta que en el desarrollo del aprendizaje existen distintas etapas (debido a la evolución de los jugadores) y que los entrenadores tendremos que tomar como referencia la capacidad cognitiva de los mismos para poder elegir o adaptar las tareas que vamos a utilizar.

Aunque las tareas tengan un objetivo técnico o táctico, "no será lo importante". La finalidad de estas es que haya un entrenamiento de nuestro cerebro para que la decisión ante estímulos o adversidades nos de una respuesta efectiva (motriz), regulada por las emociones y que los jugadores sepan enfocarse en lo importante con una lectura o interpretación que los lleve a decidir sin reflexión, sobre la marcha, de manera intuitiva y se produzca un aprendizaje.

La mayor parte de tareas que vienen a continuación serán para la mejora del pase, la recepción la conducción y el lanzamiento, pensando en la iniciación del aprendizaje a modo de ejemplo de la propuesta. Al final de ellas desarrollaré algunas con objetivos defensivos y más complejas para ejemplificar que se puede llevar a cabo en el aprendizaje de cualquier contenido, del modelo de juego o la estrategia de partido o el desarrollo del juego en general.

SIMBOLOGÍA

Jugadores Equipo A	○
Jugadores Equipo B	●
Jugadores Equipo C	○
Desplazamiento sin balón	- - - →
Desplazamiento del balón	———→
Conducción del balón	∿∿∿→
Desplazamiento del balón por alto	⤷
Lanzamiento a portería	⟹
Balón	⚽

NEUROCIENCIA APLICADA AL BALONMANO

70

TAREAS PARA SU ENTRENAMIENTO

Tarea N° 1	Objetivo Principal	Mejora del pase y la recepción
	Jugadores	3

Explicación

Los jugadores pasan el balón y presionan al jugador de enfrente para que no pueda pasar. El jugador que recepciona, busca línea de pase para que el compañero pueda pasarle el balón.

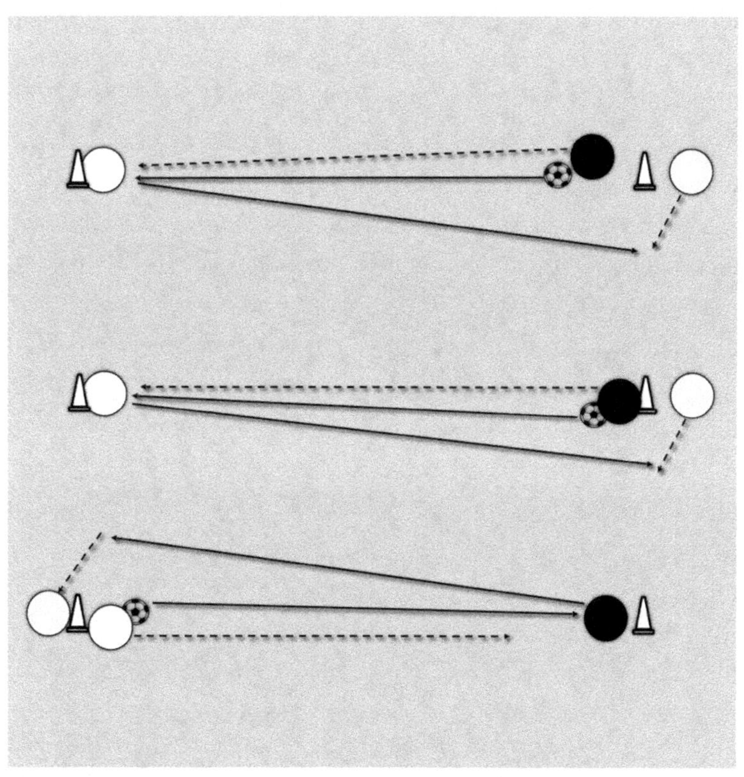

Tarea N° 2	Objetivo Principal	Mejora del pase y la recepción
	Jugadores	4

Explicación

Los jugadores situados como en la imagen. Los jugadores con balón pasan al compañero de en frente que se desmarcará de manera aleatoria del cono o silueta (por la derecha o izquierda). Una vez que reciba el balón irá al lugar desde el que le pasaron para volverse y pasar al jugador (que pasó a otro jugador) que se desmarcará del cono o silueta. Se repetirá la secuencia de pases sin que el jugador que va a pasar sepa por donde se va a desmarcar el compañero que viene a recibir.

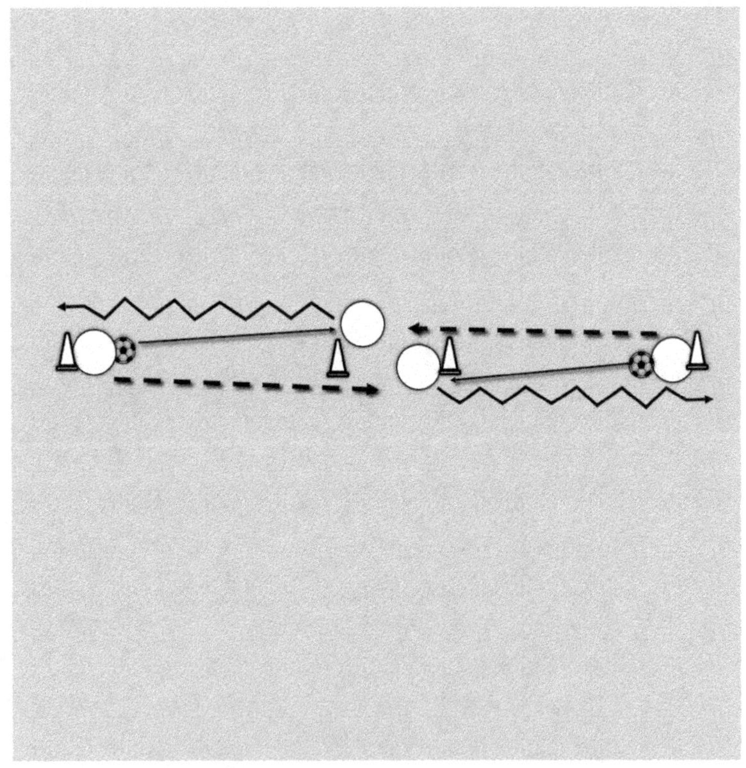

Tarea N° 3	Objetivo Principal	Mejora del pase y la recepción
	Jugadores	5

Explicación

Un jugador en el cuadrado y los otros cuatro tras los conos o siluetas menos uno que "se desmarca", recepciona un pase del que está en el cuadrado, le devuelve el balón y vuelve a su lugar, se desmarca otro y el del centro pasa siempre al desmarcado (que no sabrá cual es).

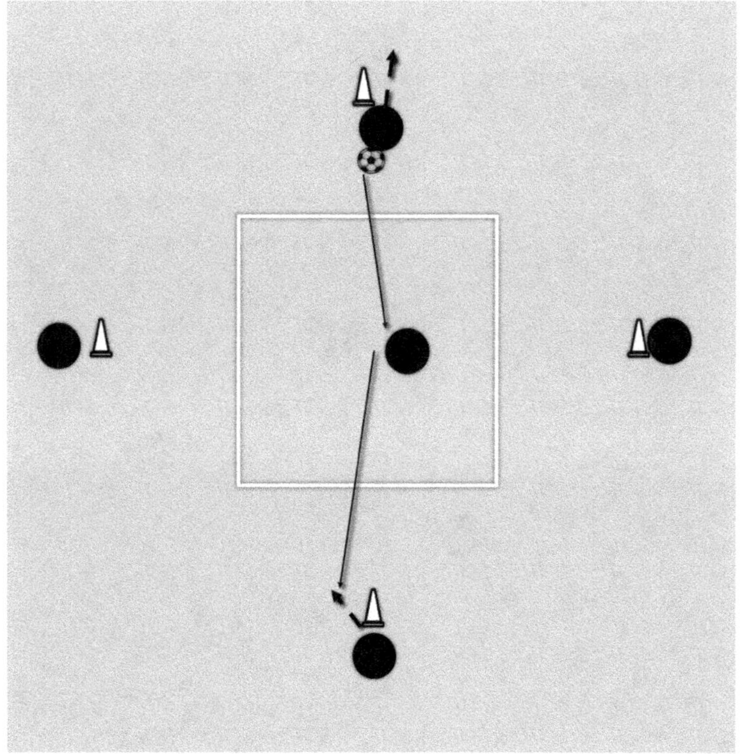

Tarea N° 4	Objetivo Principal	Mejora del pase y la recepción
	Jugadores	15

Explicación

Un jugador en el cuadrado y los compañeros estarán fuera moviéndose con marcas individuales al hombre. Cuando un jugador del equipo rival entre en el cuadrado para quitarle el balón pasará al compañero liberado que se desmarcará para rrecepcionar y cambiarán los roles cuando reciba.

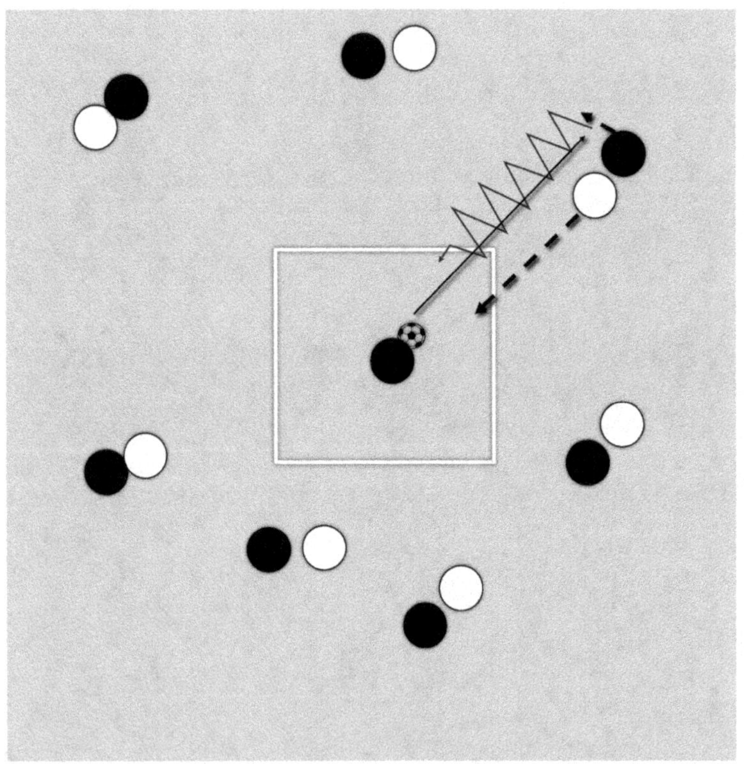

Tarea N° 5	Objetivo Principal	Mejora del pase y la recepción
	Jugadores	4

Explicación

En la disposición de la imagen. Los jugadores pasan el balón y van a ocupar el ángulo que esté libre. Los jugadores deben estar bien perfilados siempre y en disposición de recepcionar. Solo podrá pasar a los jugadores colocados en los vértices.

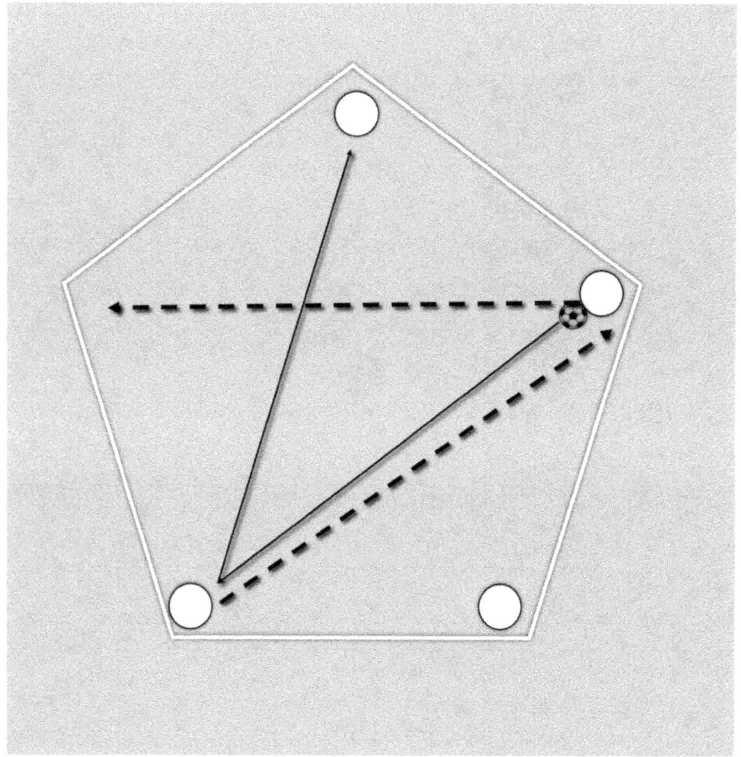

Tarea Nº 6	Objetivo Principal	Mejora del pase y la recepción
	Jugadores	3 (2x1)

Explicación

Los jugadores situados como en la imagen se pasarán el balón entre ellos y en el centro un jugador intentará interceptar el pase pudiendo moverse de manera lateral en el pasillo.

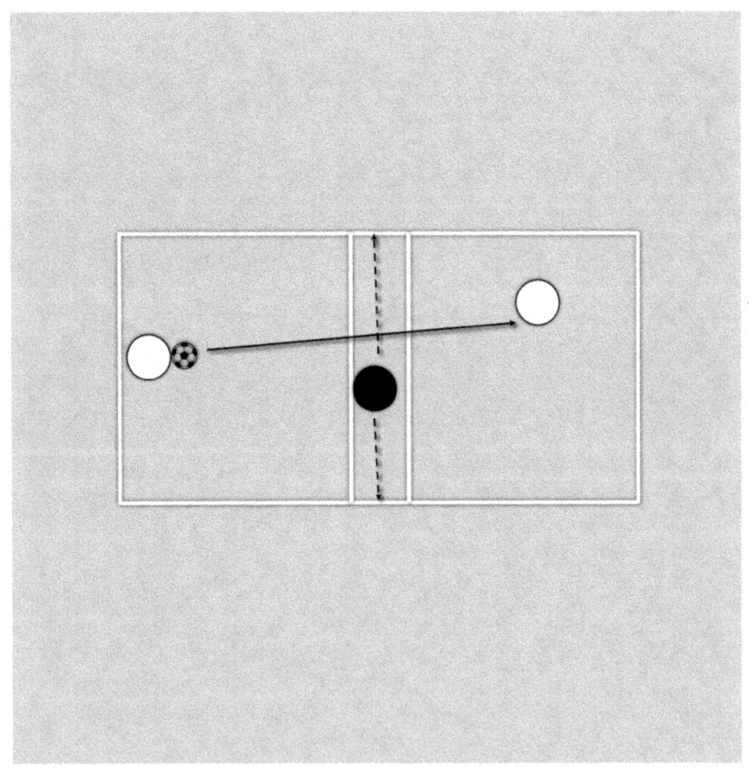

Tarea N° 7	Objetivo Principal	Mejora del pase y la recepción
	Jugadores	6 (2+2x2)

Explicación

Los jugadores situados como en la imagen se pasarán el balón entre ellos, en el centro los jugadores irán a presionar pero sólo pueden hacerlo a una de las zonas. Los jugadores con balón cuando atraigan al rival pasarán al otro cuadrado el balón para no perderlo.

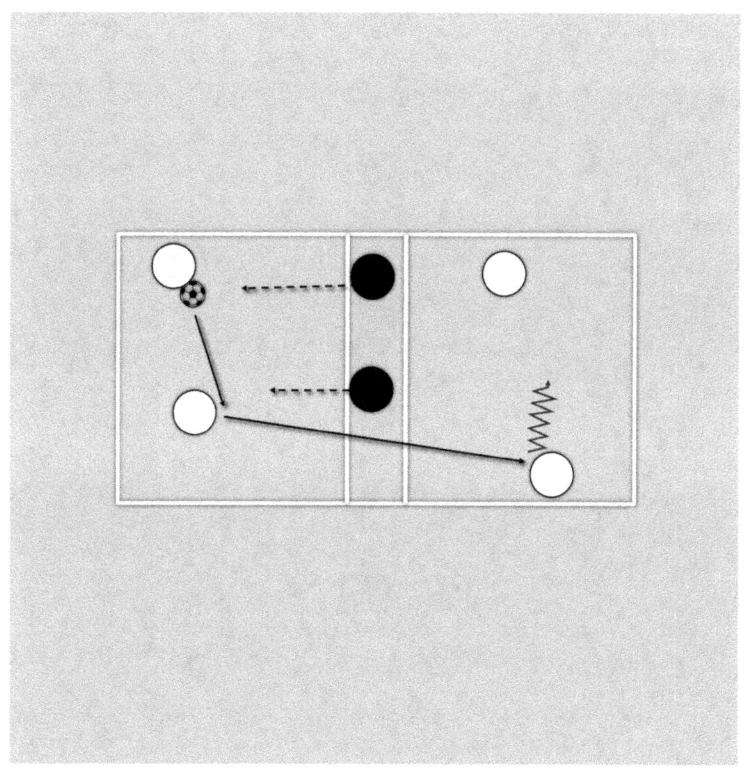

Tarea N° 8	Objetivo Principal	Mejora del pase y la recepción
	Jugadores	2

Explicación

Los jugadores de dirigen al cono del centro y el que no tiene balón se dirigirá hacia un lado (derecha o izquierda) cuando llegue y el otro le pasará el balón a donde se dirija.

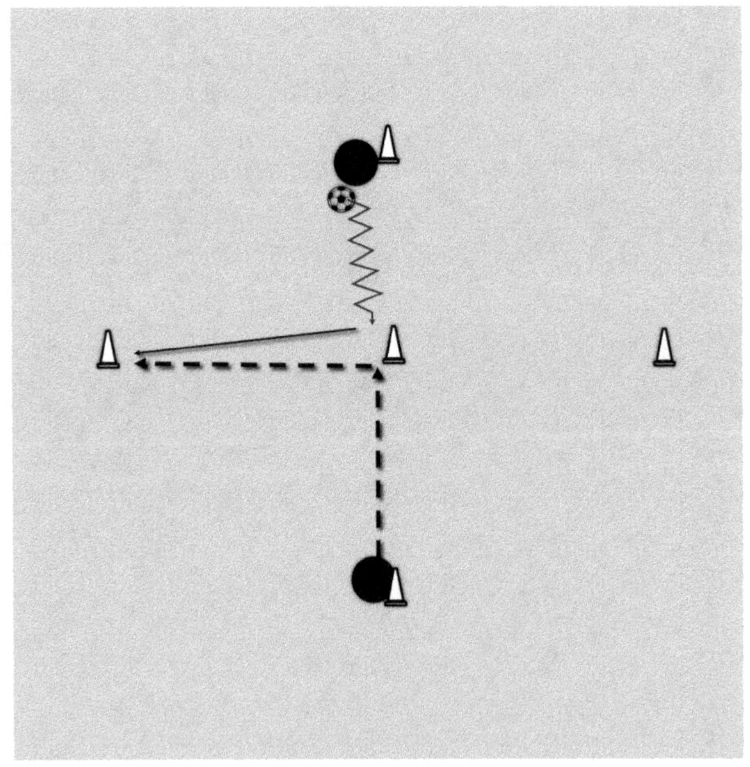

Tarea N° 9	Objetivo Principal	Mejora de la conducción
	Jugadores	2

Explicación

Los jugadores se dirigen al cono del centro y el jugador con balón tendrá que ir al lado (cono) contrario del que vaya el jugador sin balón.

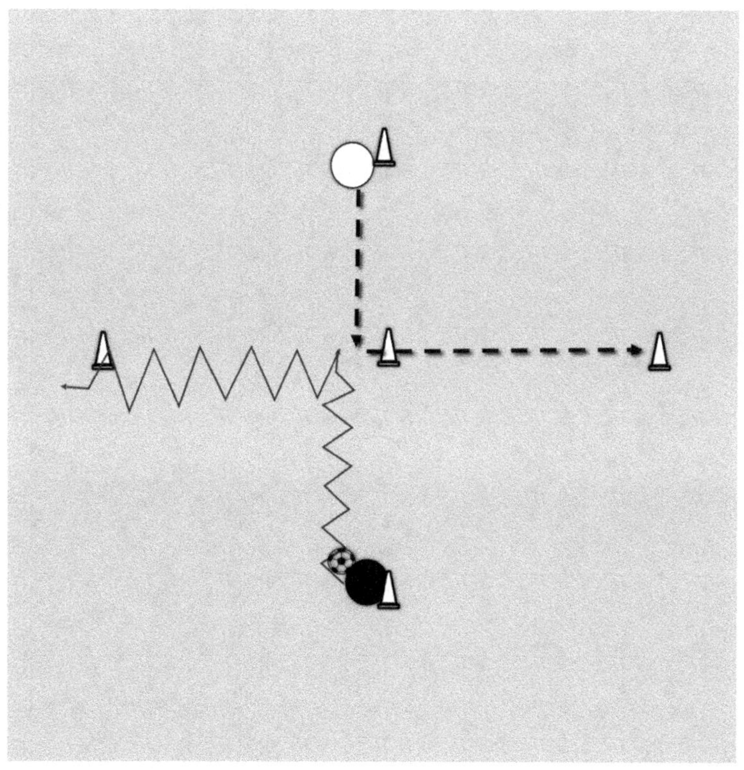

Tarea N° 10	Objetivo Principal	Mejora de la conducción
	Jugadores	2

Explicación

Los jugadores de dirigen al cono del centro y el que llegue primero va hacia un lado y el otro hacia el otro. No pueden ir los dos hacia el mismo lado.

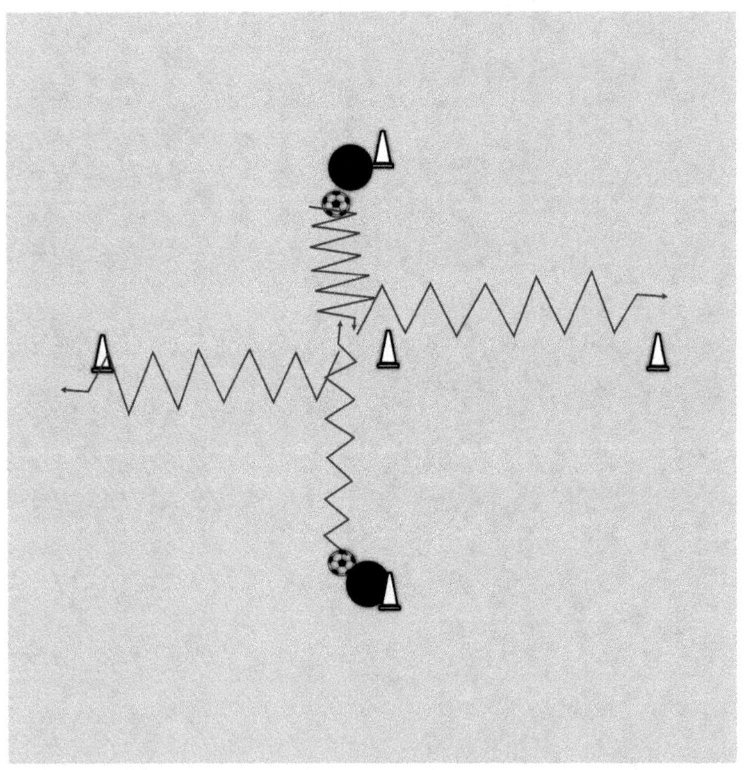

Tarea N° 11	Objetivo Principal	Mejora de la conducción
	Jugadores	4

Explicación

Los jugadores se dirigen al cono del centro cada uno con su balón y se tienen que dirigir cada uno a un cono que no estuviera ocupado antes de salir hacia el centro.

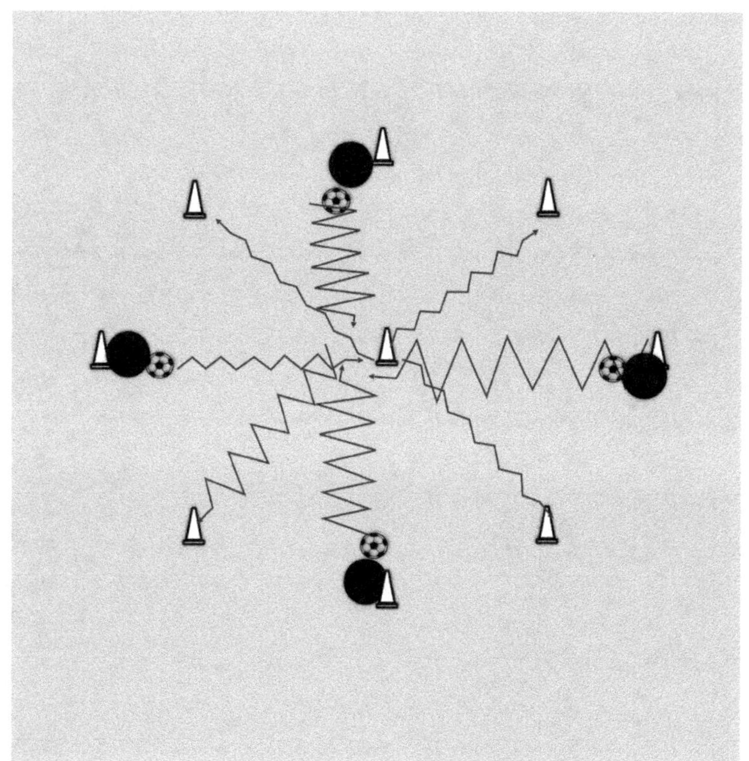

Tarea N° 12	Objetivo Principal	Mejora de la conducción
	Jugadores	3
Explicación		

Los jugadores conducen por los pasillos y no pueden coincidir con otro jugador dentro del mismo cuadrado.

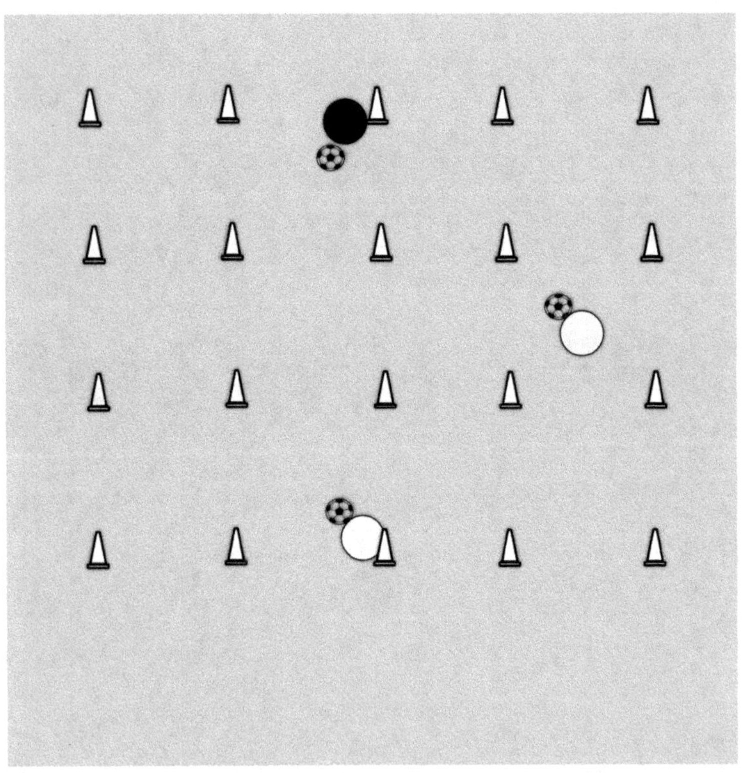

Tarea N° 13	Objetivo Principal	Mejora de la conducción
	Jugadores	12

Explicación

En la disposición de la imagen, 10 jugadores conducen el balón dentro del cuadrado esquivando a los otros jugadores y habrá dos jugadores sacando los balones de los jugadores del cuadrado. Cuando a un jugador le saquen el balón del cuadrado, tendrá que ir por el y volver a meterse dentro conduciendo.

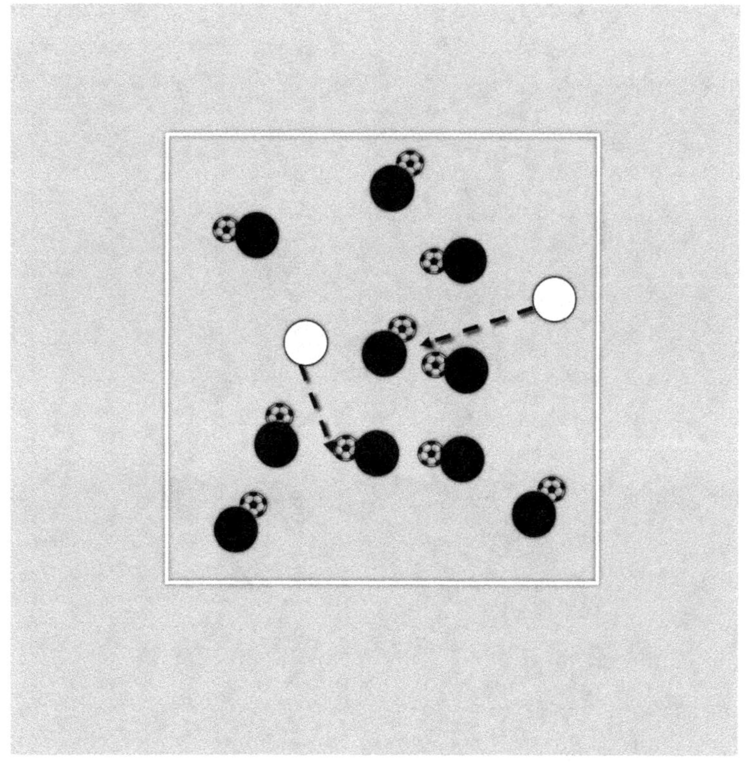

Tarea N° 14	Objetivo Principal	Mejora de la conducción
	Jugadores	12

Explicación

En la disposición de la imagen, 10 jugadores conducen el balón dentro del cuadrado esquivando a los otros jugadores y habrá dos jugadores robando balón. Al jugador que le roben, cambiará el rol y pasará a robar y el que robó a conducir.

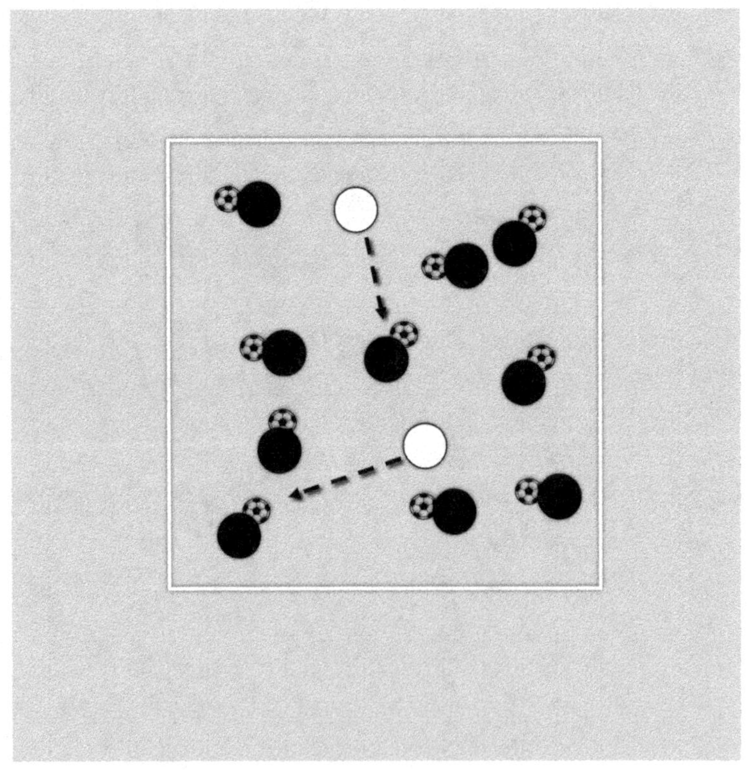

Tarea N° 15	Objetivo Principal	Mejora del lanzamiento a portería
	Jugadores	2 (1xP)

Explicación

El portero en el punto de penal, pasa el balón al jugador y se dirige a uno de los postes. El jugador que se adelanta al cono o silueta debe lanzar a portería para hacer gol.

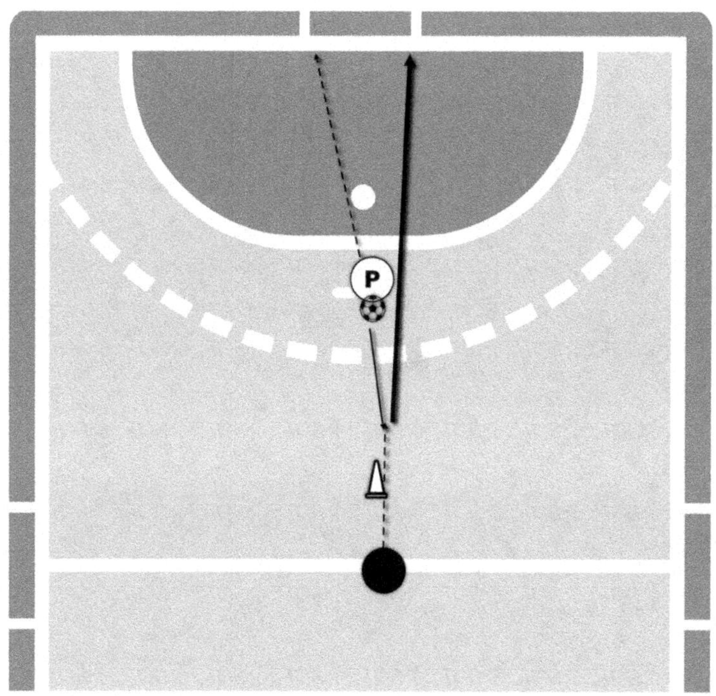

Tarea N° 16	Objetivo Principal	Mejora del lanzamiento a portería
	Jugadores	5 (2x2+P)

Explicación

Dos jugadores equipo se pasan el balón sin que caiga al suelo entre ellos, una pareja de otro equipo entra en el cuadrado a presionar roba el balón y sale a lanzar a portería con la presión de los que perdieron.

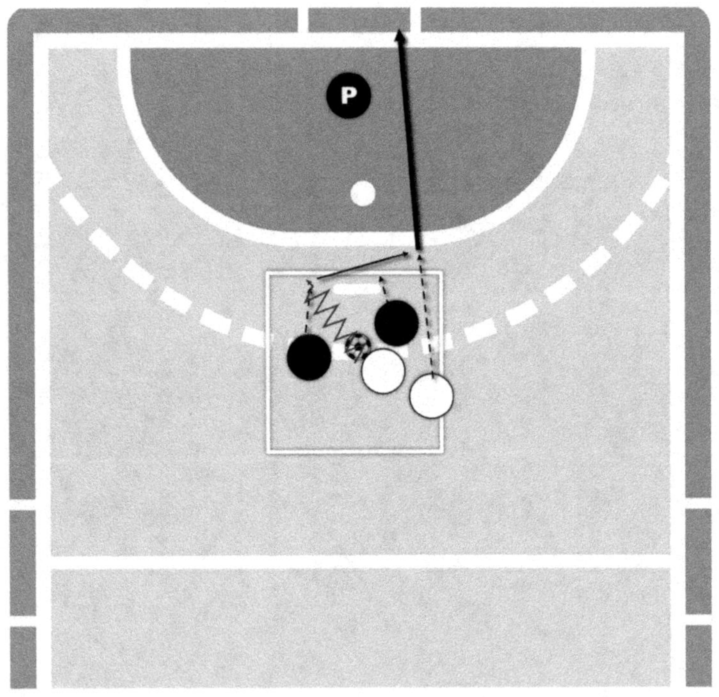

Tarea N° 17	Objetivo Principal	Mejora del lanzamiento a portería
	Jugadores	6

Explicación

El jugador con balón conducirá hacia la portería y dos de los jugadores, de manera aleatoria irán a presionarle para evitar el lanzamiento a portería.

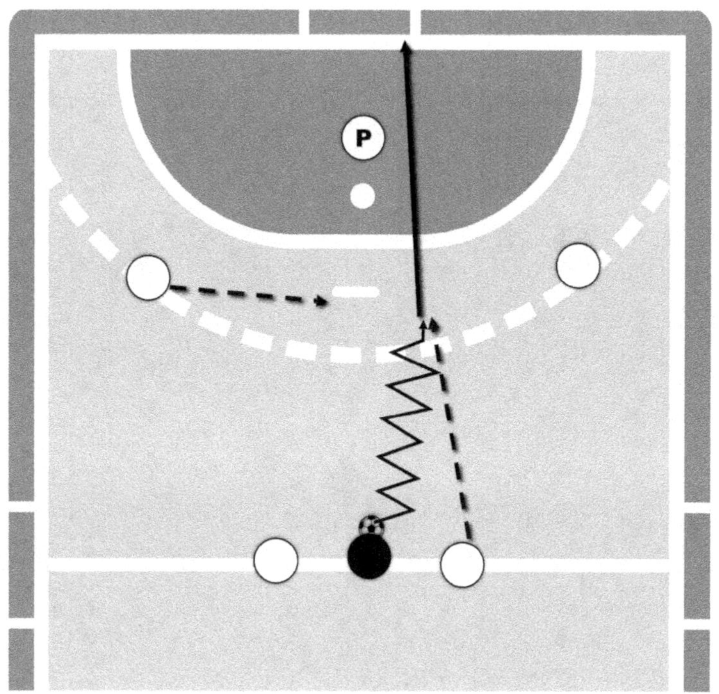

Tarea N° 18	Objetivo Principal	Mejora del lanzamiento a portería
	Jugadores	7

Explicación

El jugador con balón conducirá hacia la portería y uno de los jugadores rivales que están con un jugador negro irá a evitar el lanzamiento, liberando al compañero marcado. El jugador de atrás irá a marcar al jugador liberado. El jugador que conduce intentará tomar la mejor solución para el lanzamiento a portería.

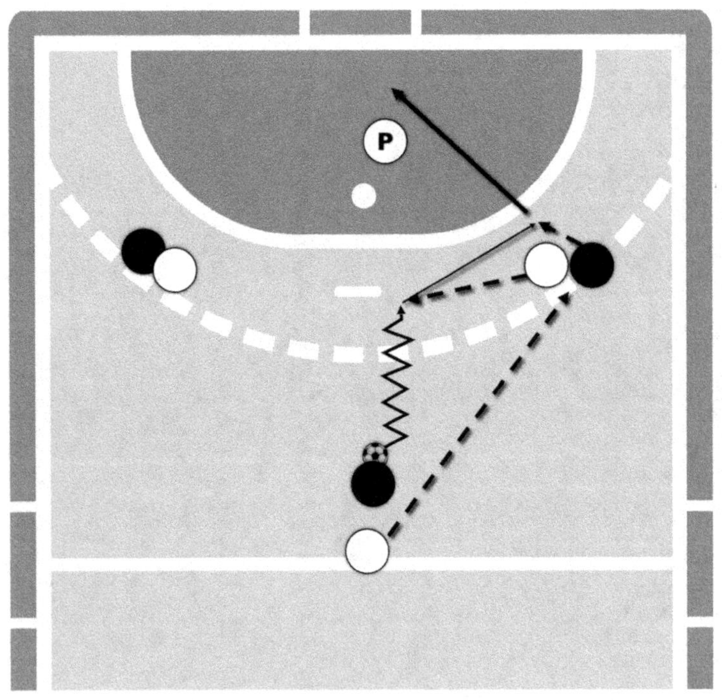

Tarea N° 19	Objetivo Principal	Mejora del lanzamiento a portería
	Jugadores	2 (1xP)

Explicación

El portero detrás de la portería, pasa el balón al jugador y se dirige a la portería por uno de los lados. El jugador que se adelanta al cono o silueta debe lanzar a portería para hacer gol, teniendo en cuenta de donde viene el portero.

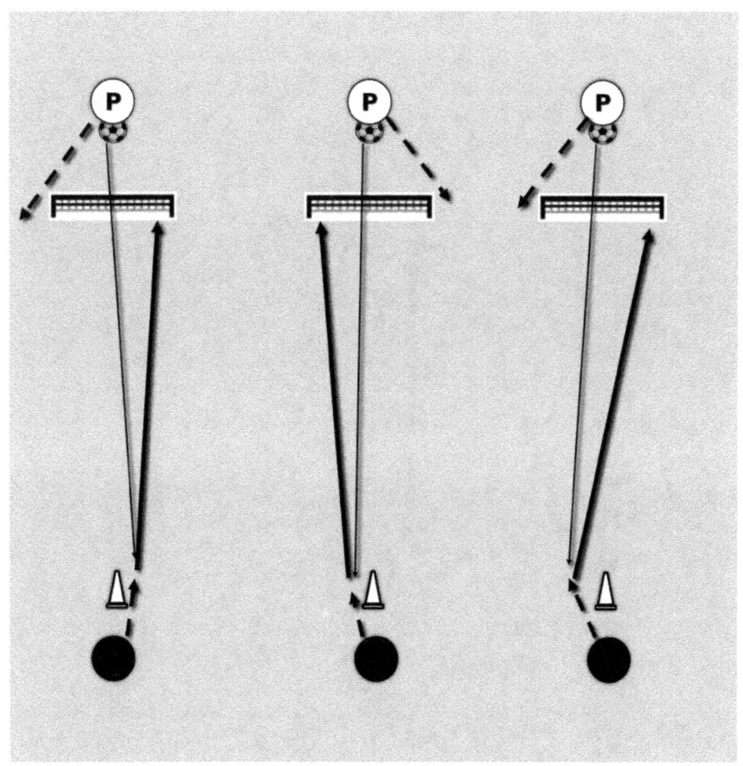

Tarea N° 20	Objetivo Principal	Mejora del lanzamiento a portería
	Jugadores	3 (1xP+1)

Explicación

El portero pasa el balón al jugador que se adelantará al contrario (este no podrá reaccionar hasta que no lo vea) que le presionará para que no pueda lanzar a portería.

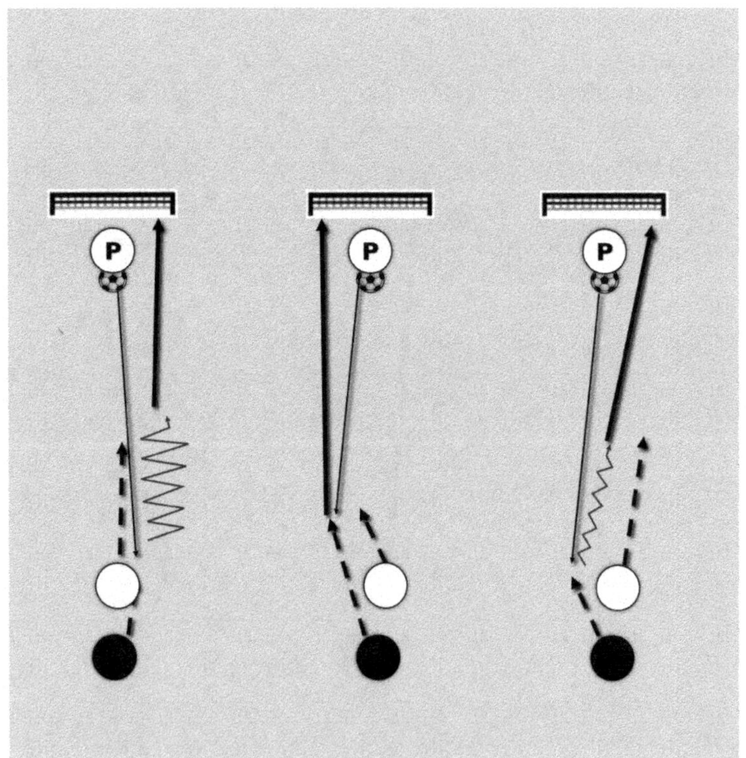

Tarea N° 21	Objetivo Principal	Mejora del lanzamiento a portería
	Jugadores	5

Explicación

Los jugadores distribuidos como en la imagen, tras los conos o siluetas cuando les pasan el balón los porteros, salen hacia el balón para finalizar. El jugador del centro irá hacia uno u otro a disputar el balón para lanzar a portería.

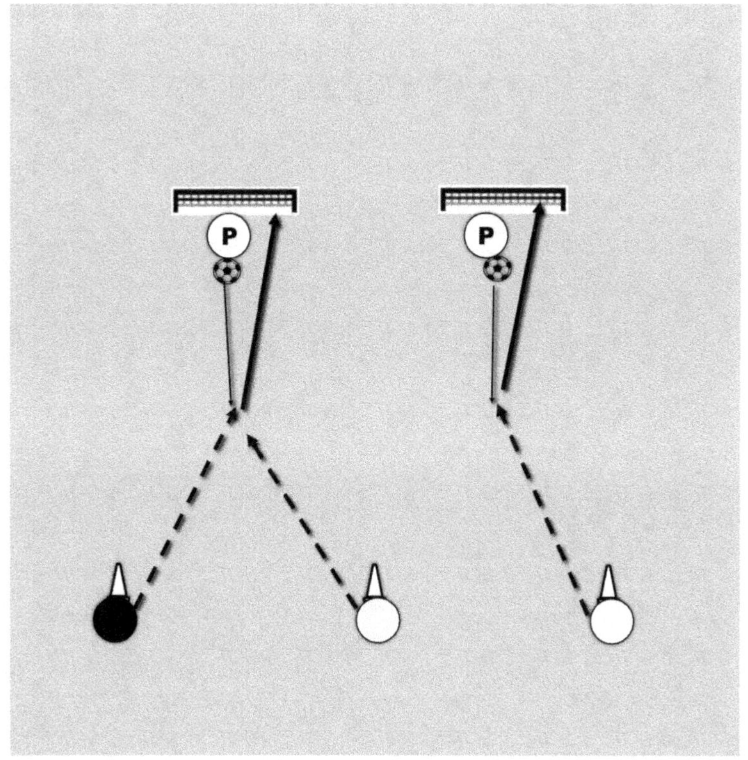

Tarea N° 22	Objetivo Principal	Mejora del lanzamiento a portería
	Jugadores	6

Explicación

Los jugadores distribuidos cómo en la imagen. Los porteros sacan y los jugadores que defienden (blanco), podrán salir indistintamente hacia uno u otro jugador, cambiando en cada jugada sin que se sepa a cual van a presionar el lanzamiento. Todos parten tras la silueta o cono para salir por un lado u otro.

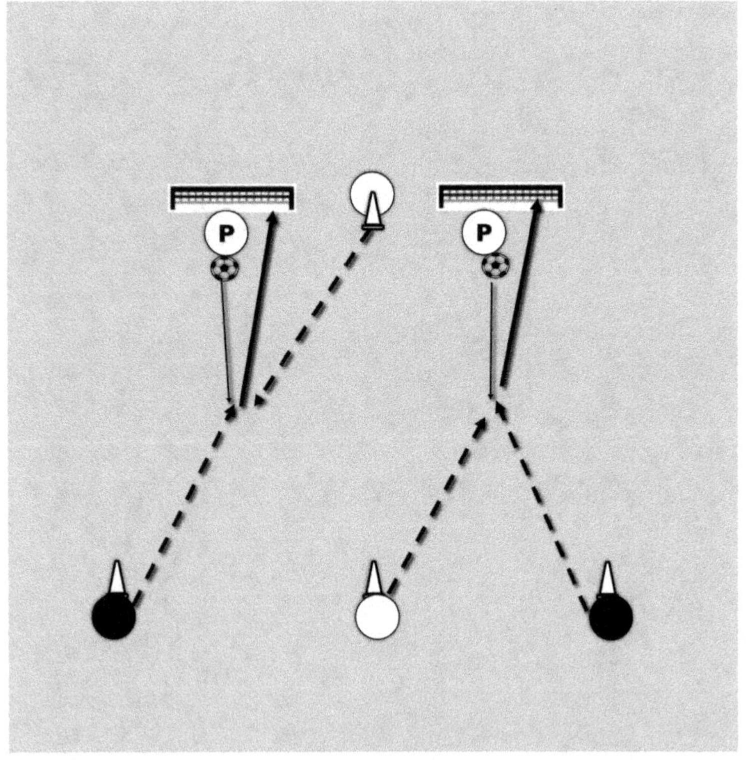

Tarea N° 23	Objetivo Principal	Mejora del lanzamiento a portería
	Jugadores	10

Explicación

Los jugadores distribuidos como en la imagen. El portero pasa el balón al jugador (color negro) que se adelantará al cono o silueta para lanzar a portería. De los 4 jugadores blancos sólo participan 3 que intentarán dificultar que puedan lanzar a portería (irán alternando los que participan y a quien presionan sin que lo conozca el otro equipo de manera aleatoria)

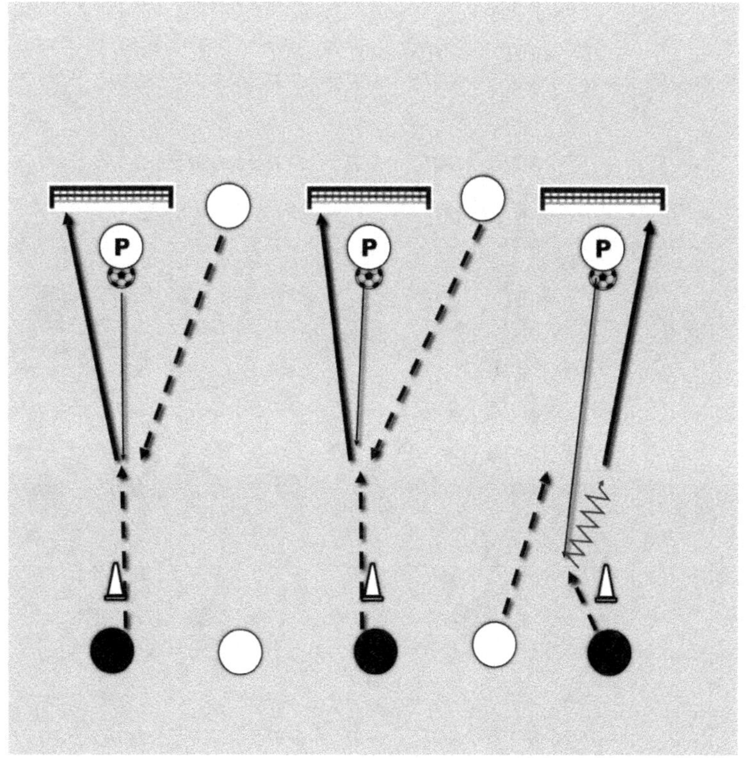

Tarea N° 24	Objetivo Principal	Mejora del lanzamiento a portería
	Jugadores	6

Explicación

El jugador del cuadrado pasa el balón al jugador que se adelantará al contrario (este no podrá reaccionar hasta que no lo vea), le presionará para que no pueda tirar a portería junto con otro jugador más y si lo considera podrá apoyarse en el compañero que le pasó el balón para hacer gol. El jugador que irá a presionar irá variando en cada ocasión de manera aleatoria.

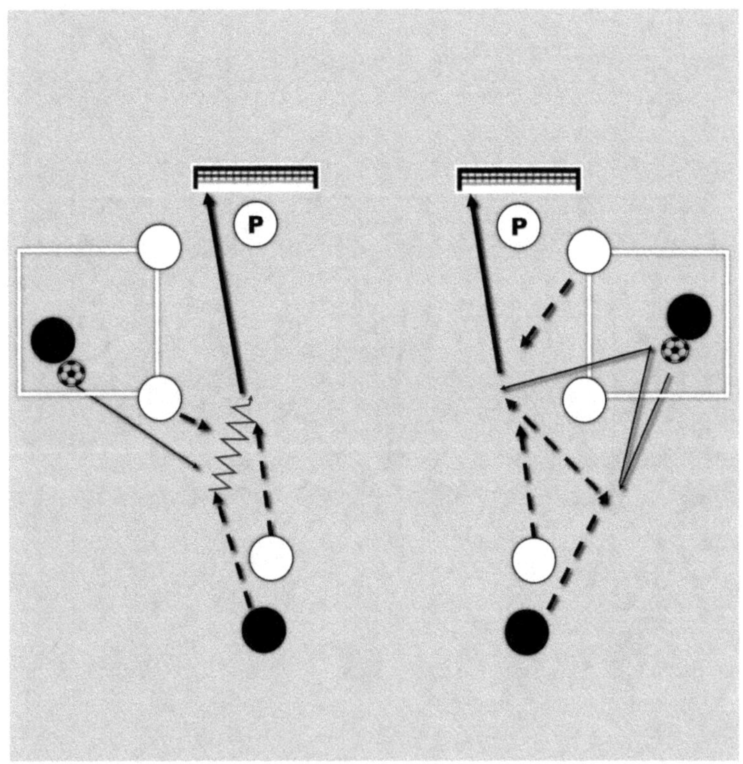

Tarea N° 25	Objetivo Principal	Mejora del lanzamiento a portería
	Jugadores	5 (1x4P)

Explicación

El jugador y los porteros distribuidos como en la imagen. Cuando el jugador recepciona del portero tiene que volverse y lanzar a la portería que está libre, porque el portero fue a presionarle y la dejo vacía. Los porteros cambiarán y dejarán otra portería libre al presionarle para volver a pasarle el balón y que este repita la acción variando la portería.

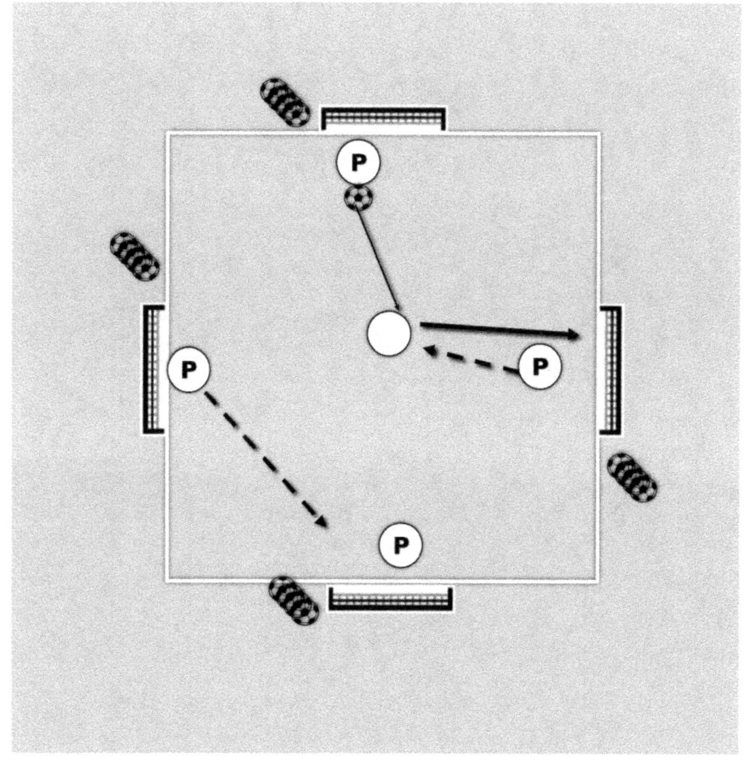

Tarea N° 26	Objetivo Principal	Mejora del lanzamiento a portería
	Jugadores	5 (1x4P)

Explicación

El jugador y los porteros distribuidos como en la imagen. Tres porteros con balón y uno sin balón. Uno de ellos pasará el balón al jugador que tendrá que orientar el cuerpo y el balón cuando lo reciba para lanzar a la portería donde el portero no tiene balón. Irá alternando el portero que le pasa y el que se queda sin balón de manera aleatoria.

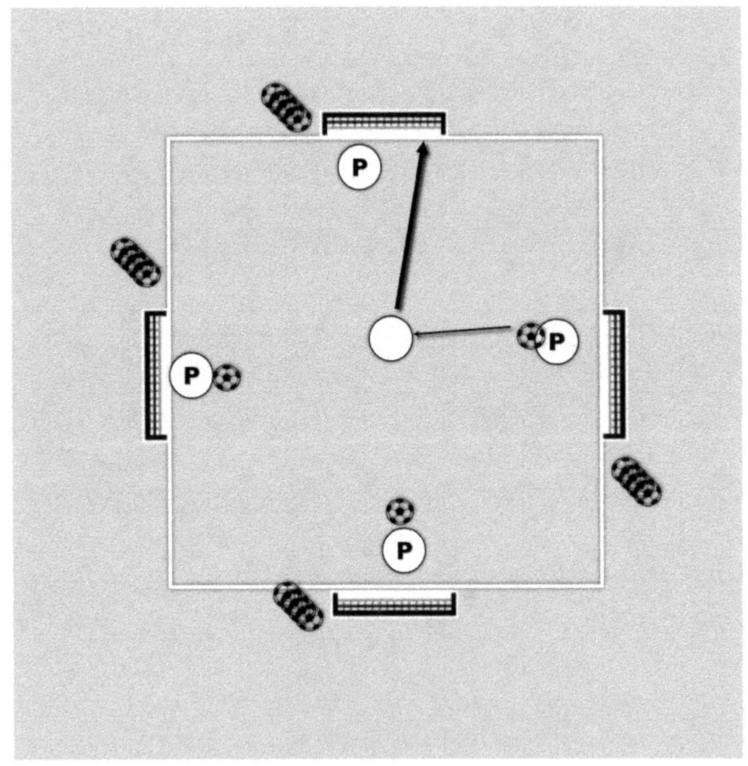

Tarea N° 27	Objetivo Principal	Mejora del lanzamiento a portería
	Jugadores	5

Explicación

Los jugadores distribuidos como en la imagen. Cuando el jugador recibe del portero tiene que volverse y lanzar a la portería que tiene el portero y los otros 2 jugadores irán a presionarle. Los porteros cambiarán con los jugadores para repetir la acción variando la portería y el lugar desde donde se recibe la presión.

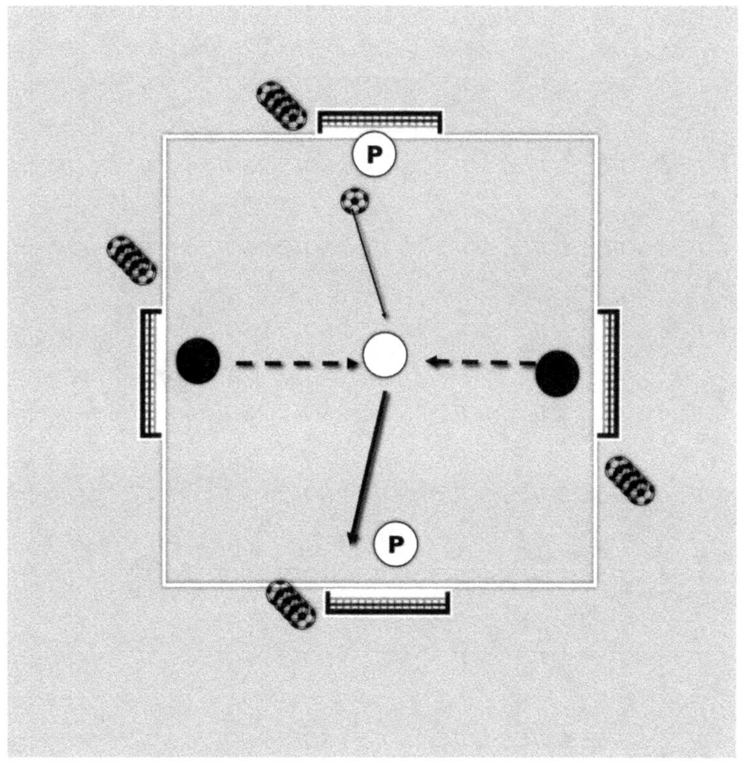

Tarea N° 28	Objetivo Principal	Mejora del lanzamiento a portería
	Jugadores	8

Explicación

Los jugadores distribuidos como en la imagen. Cuando el jugador recibe del portero tiene que volverse y lanzar a la portería que tiene el portero o apoyarse en uno de los apoyos si lo considera necesario antes del lanzamiento y dos jugadores rivales irán a presionarle. Los porteros cambiarán con los jugadores para repetir la acción variando la portería y el lugar desde donde se recibe la presión.

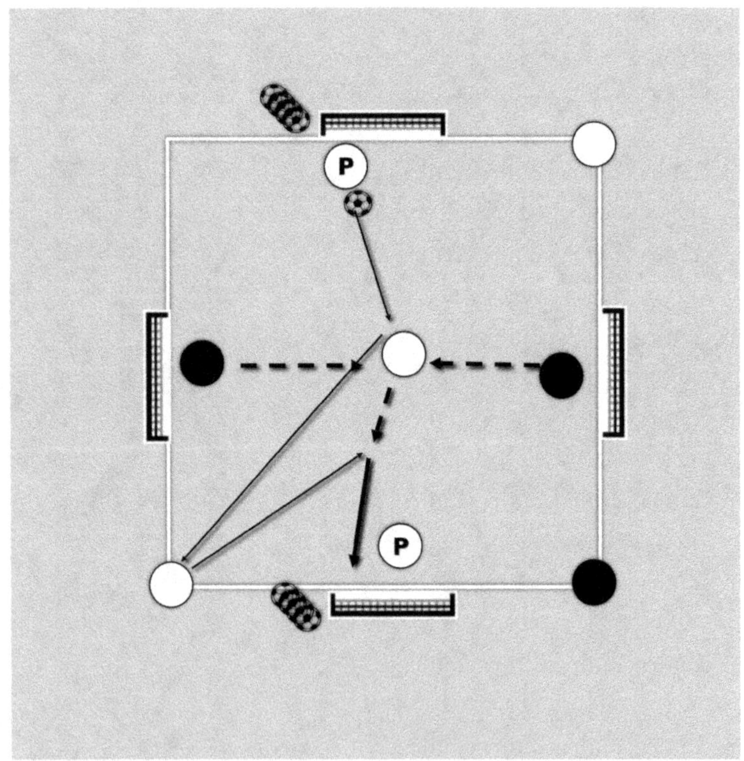

Tarea N° 29	Objetivo Principal	Mejora lanzamiento a portería
	Jugadores	8

Explicación

Los jugadores distribuidos como en la imagen. El jugador del centro pasará con el más alejado de la portería y cuando los jugadores del otro quipo entren a presionar pasarán al compañero cercano a la portería (que se desmarcará) para atacar. Sólo podrán entrar dos a presionar y nunca serán los mismos, ni de los mismos lugares.

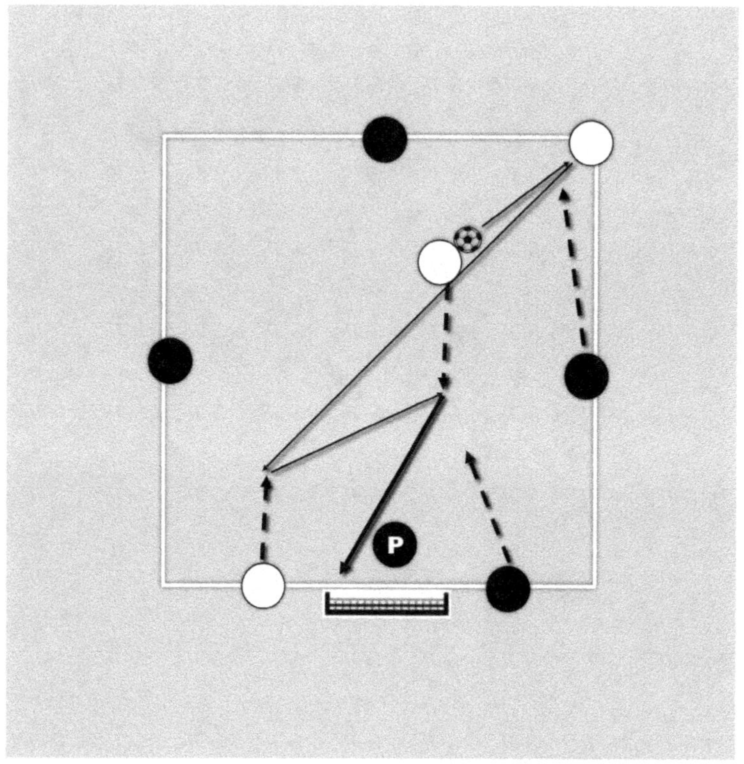

Tarea N° 30	Objetivo Principal	Mejora de la recepción, la conducción y el pase.
	Jugadores	7

Explicación

Los jugadores distribuidos como en la imagen. Cuando el jugador recibe del compañero tiene que sacar el balón del cuadrado, lejos del alcance de los dos jugadores que irán a presionarle y pasar al otro compañero. Los dos jugadores que irán a presionarle variarán el lugar desde el que presionarán junto con el que va a recibir de manera aleatoria.

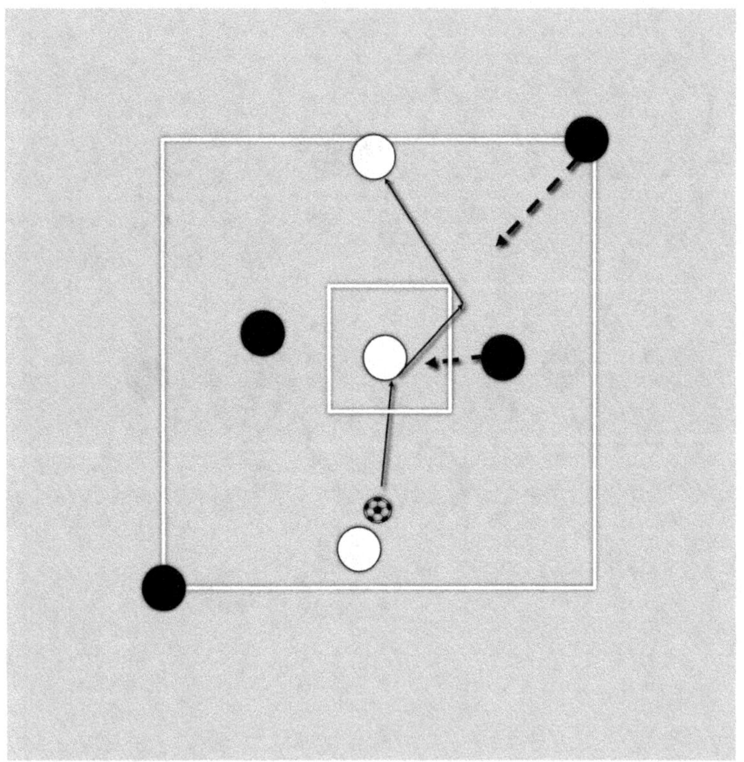

Tarea N° 31	Objetivo Principal	Mejora de la recepción, la conducción y el pase
	Jugadores	5

Explicación

Los jugadores distribuidos como en la imagen. Cuando el jugador recibe del compañero tiene que recepcionar y conducir sacando el balón del cuadrado, pasar al jugador que no le presionó y los otros 2 jugadores irán a presionarle. Los jugadores cambiarán los roles de presionar o esperar el pase entre ellos para no repetir la acción de manera aleatoria y que el jugador que recepciona decida como hacerlo.

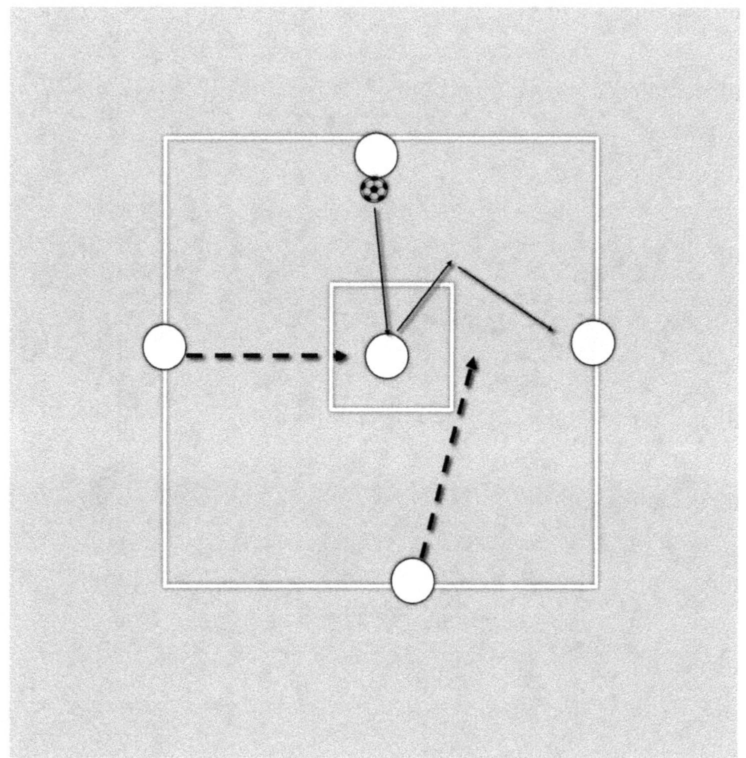

Tarea N° 32	Objetivo Principal	Mejora de la recepción, la conducción y el lanzamiento
	Jugadores	5

Explicación

El jugador y los porteros distribuidos como en la imagen. Cuando el jugador recibe del portero tiene que recepcionar, sacar el balón del cuadrado y tirar a la portería desde la que no le presionaron y tiene portero. Los porteros cambiarán en cada acción los que irán a la presión y desde el lugar que lo harán.

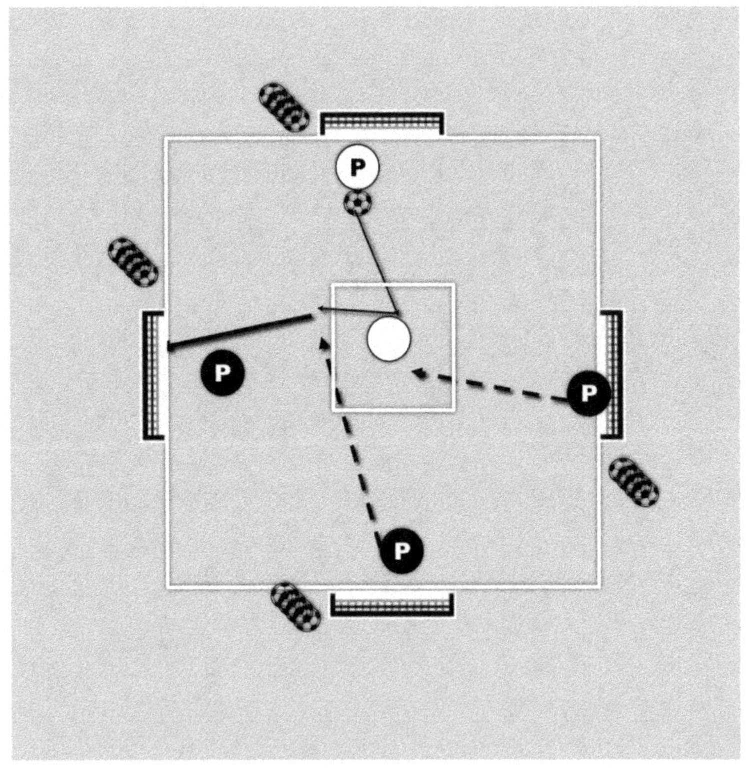

Tarea N° 33	Objetivo Principal	Mejora de la recepción, la conducción y el lanzamiento
	Jugadores	7

Explicación

Los jugadores distribuidos como en la imagen. Cuando el jugador recibe del portero tiene que sacar el balón del cuadrado, tirar a la portería que tiene el portero y dos jugadores irán a presionarle, sólo dentro del cuadrado. Irán variando de portería los porteros, al igual que los jugadores que vayan a presionar.

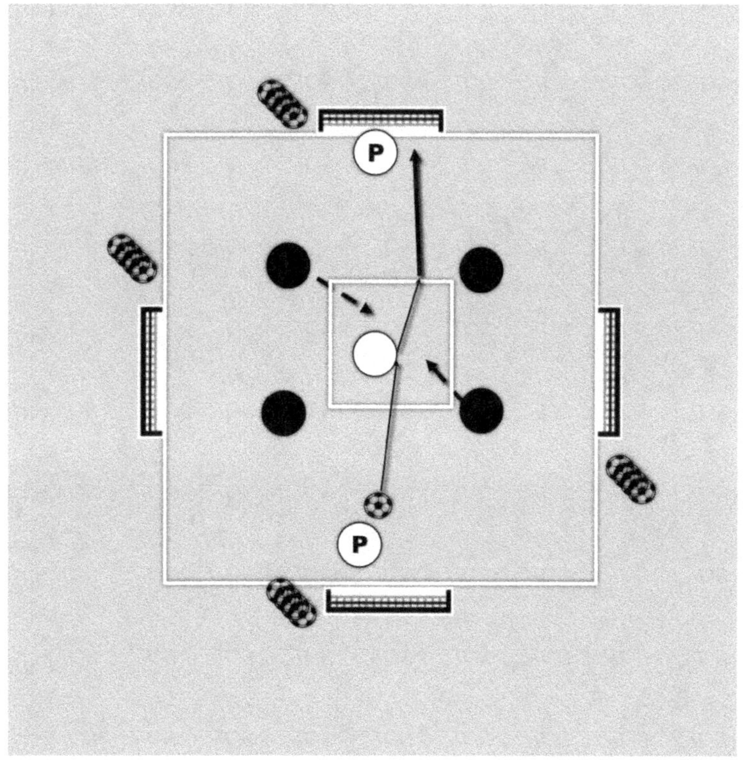

Tarea N° 34	Objetivo Principal	Mejora de la presión tras pérdida
	Jugadores	3

Explicación

Los jugadores conducen el balón usando solo la mano no dominante sin que se les salga del cuadrado y si se sale el balón del cuadrado, los otros irán a presionar para robar.

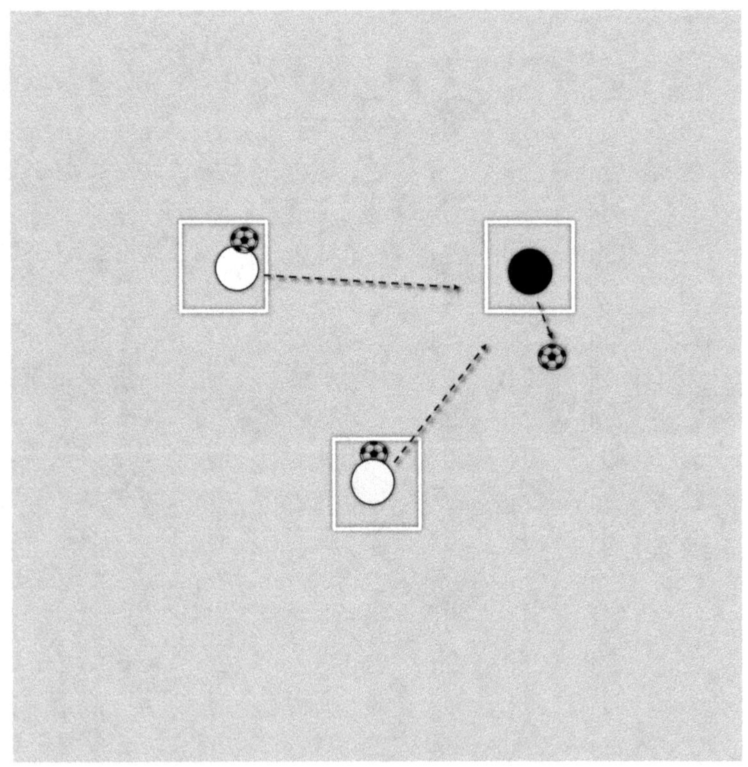

Tarea N° 35	Objetivo Principal	Mejora de la presión tras pérdida
	Jugadores	2

Explicación

Por parejas, cada jugador conduce el balón sin salirse del cuadrado, cuando el balón sale del cuadrado, el jugador va a presionar a su pareja para quitárselo.

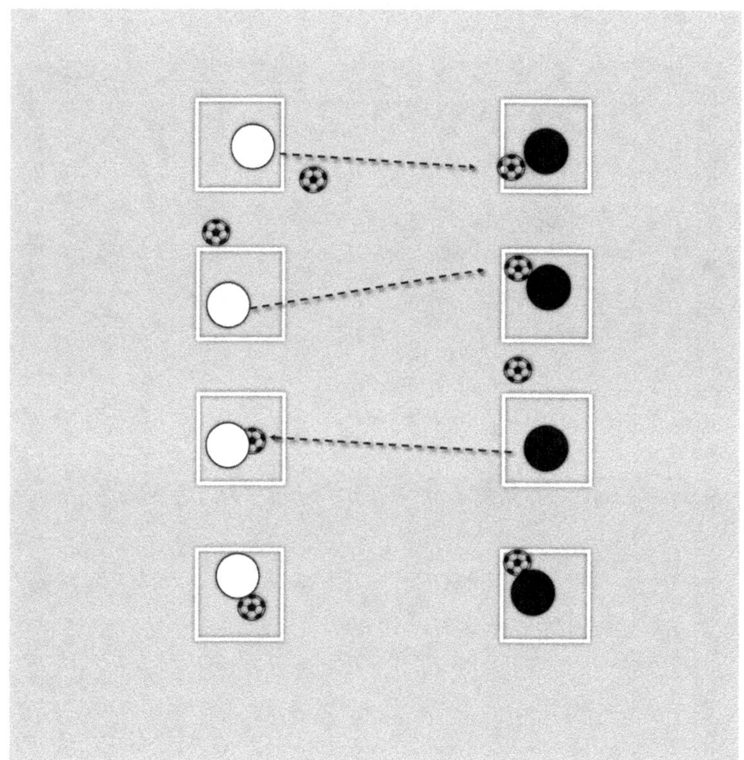

Tarea	Objetivo Principal	Mejora de la presión tras pérdida
N° 36	Jugadores	3 (1x1+P)

Explicación

Dos jugadores se pasan el balón sin que caiga, cuando sale fuera o se les cae, el jugador que falló obstaculizará el lanzamiento del otro para recuperar el balón y que no pueda lanzar.

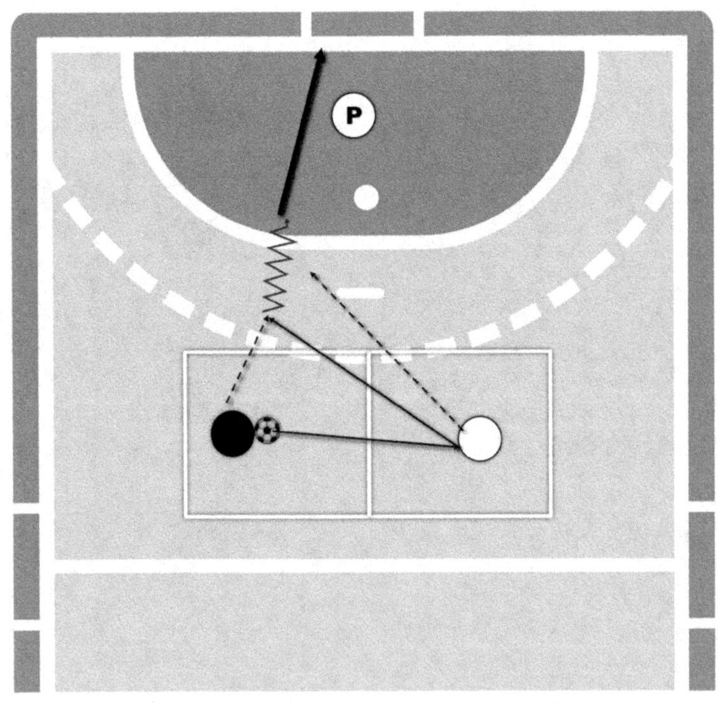

Tarea N° 37	Objetivo Principal	Mejora de la posesión de balón
	Jugadores	14 (5x5+4)

Explicación

Jugarán 5 contra 5 en el interior del cuadrado y habrá 4 comodines exteriores que participarán con el equipo que no tiene balón. Los comodines, solo podrán entrar en el cuadrado para anticipar y pasar al equipo que recuperó. Siempre serán del equipo que no tiene el balón.

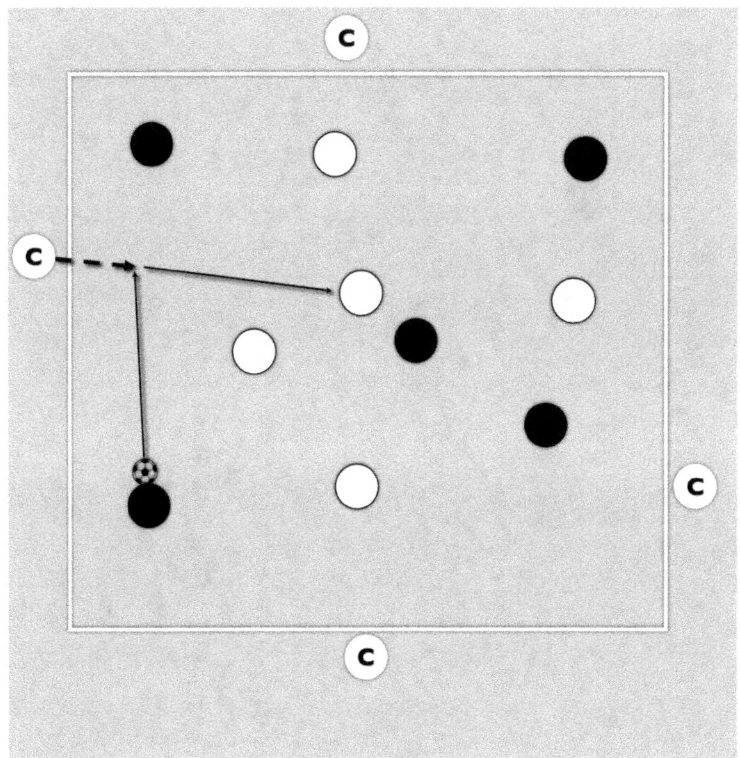

Tarea N° 38	Objetivo Principal	Mejora de la posesión de balón
	Jugadores	15 (5x5+5)

Explicación

Jugarán 5 contra 5 en el interior del cuadrado y habrá 4 comodines exteriores y un comodín en el cuadrado del centro que participarán con el equipo que no tiene balón. Los comodines solo podrán entrar en el cuadrado para anticipar y pasar al equipo que recuperó. Siempre serán del equipo que no tiene el balón.

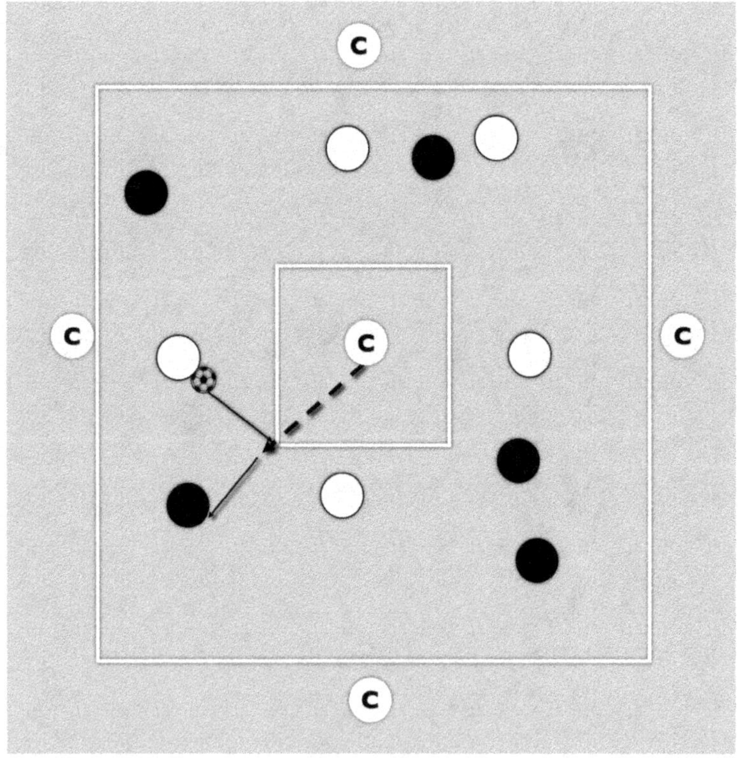

Tarea N° 39	Objetivo Principal	Encontrar espacios en el contraataque
	Jugadores	10 (4+Px4+P)

Explicación

Atacan cuatro contra cuatro hacia una portería. El equipo que ataca con un jugador en cada pasillo lateral y dos en el del centro. El portero estará adelantado. Intentarán hacer gol por elevación aprovechando que el portero está adelantado. Cuando lanzan uno de ellos tendrá que ir a una de las siluetas o conos que están tras la línea de fondo antes de volver para defender. Esto dejará espacios en la defensa del equipo que lanzó que tendrá que defender y aprovechar el equipo que inició el contraataque con el balón que se estaba jugando o con otro de detrás de la portería.

Tarea Nº 40	Objetivo Principal	Mejora de la transición defensiva
	Jugadores	18

Explicación

Un jugador del equipo blanco sale con balón y y uno del equipo negro sale sin balón. El jugador del equipo blanco intentará pasar el balón entre los dos conos y el del equipo negro intentará que no. Cuando pase o pierda el balón saldrá uno de otro equipo y el que pasó o perdió tiene que ir a presionarlo, cuando este pierda o pase saldrá uno de otro equipo y así sucesivamente de manera aleatoria.

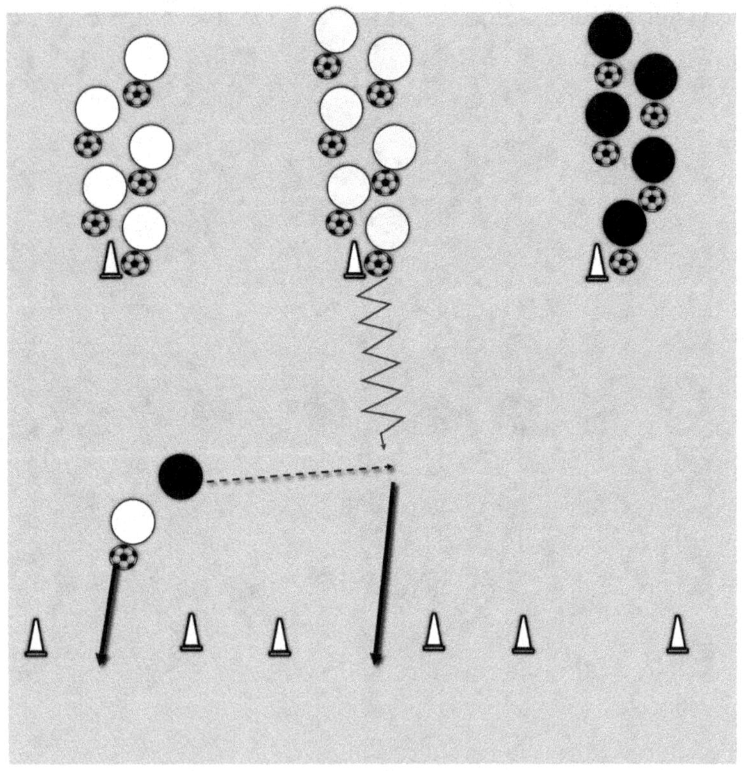

Tarea N° 41	Objetivo Principal	Mejora de la transición ofensiva
	Jugadores	4 (1+1x1+1)

Explicación

Los jugadores situados como en la imagen. El jugador del equipo negro tiene el balón y cuando el del equipo blanco roba, deberá pasar al jugador del otro cuadrado. El jugador del centro podrá ayudar en la presión o quedar en el pasillo para interceptar el pase.

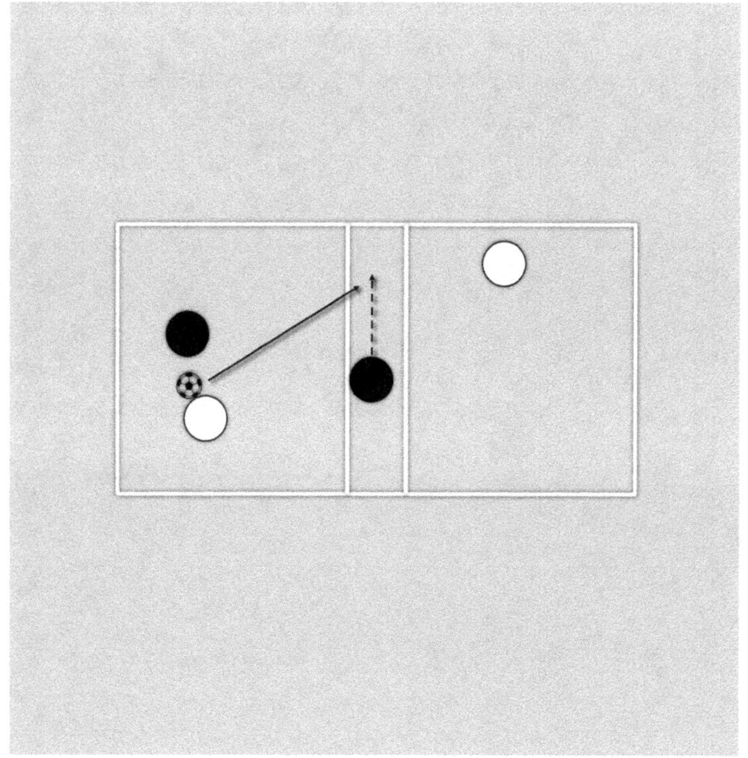

Tarea N° 42	Objetivo Principal	Mejora de la transición ofensiva
	Jugadores	5 (P+2x1+1)

Explicación

Los jugadores distribuidos como en la imagen. El jugador del equipo negro tendrá el balón dentro del rectángulo, cuando pierde el balón presiona y el compañero que esté en la línea presionará, interceptará o irá a marcar al jugador adelantado para que el equipo blanco no pueda atacar.

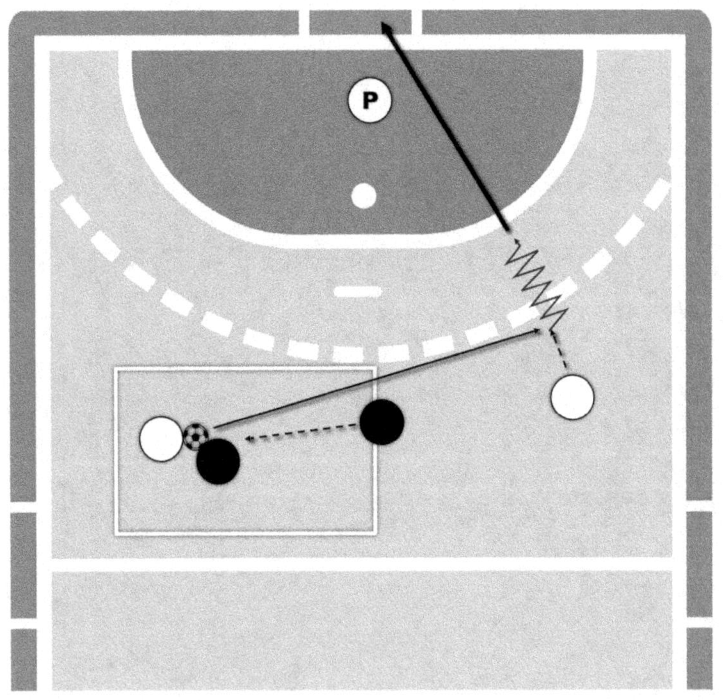

Tarea N° 43	Objetivo Principal	Mejora de la transición defensiva
	Jugadores	7

Explicación

Los jugadores distribuidos como en la imagen. El jugador del equipo negro tendrá el balón, cuando recupere el del equipo blanco pasará a uno de los jugadores que están en el centro del campo y atacarán la portería el que robó y al que le pasó. Los jugadores del equipo negro defenderán el ataque.

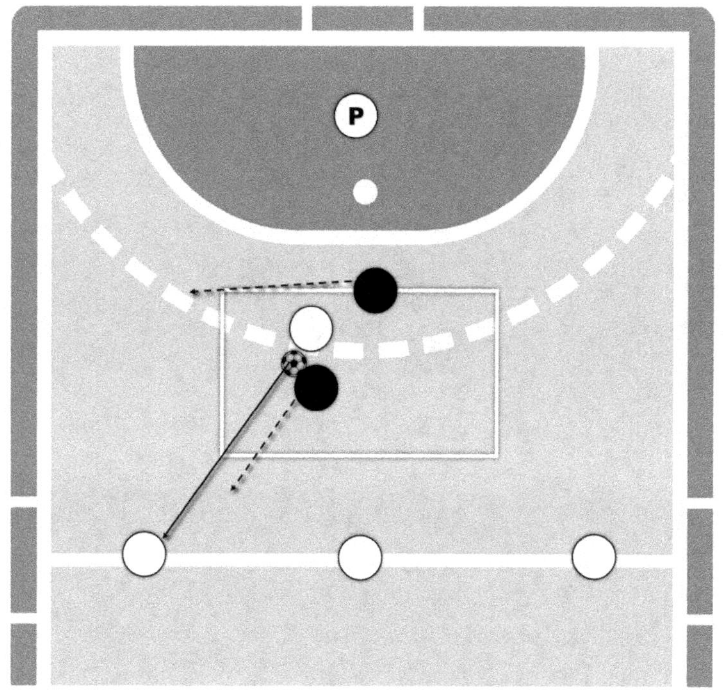

Tarea N° 44	Objetivo Principal	Mejora de la transición defensiva
	Jugadores	8

Explicación

Los jugadores distribuidos como en la imagen. El jugador del equipo negro tendrá el balón dentro del rectángulo y cuando recupere el del equipo blanco pasará a uno de los jugadores que están en el centro del campo y atacarán la portería el que robó, al que le pasó y otro mas (de manera aleatoria). Los jugadores del equipo negro defenderán el ataque.

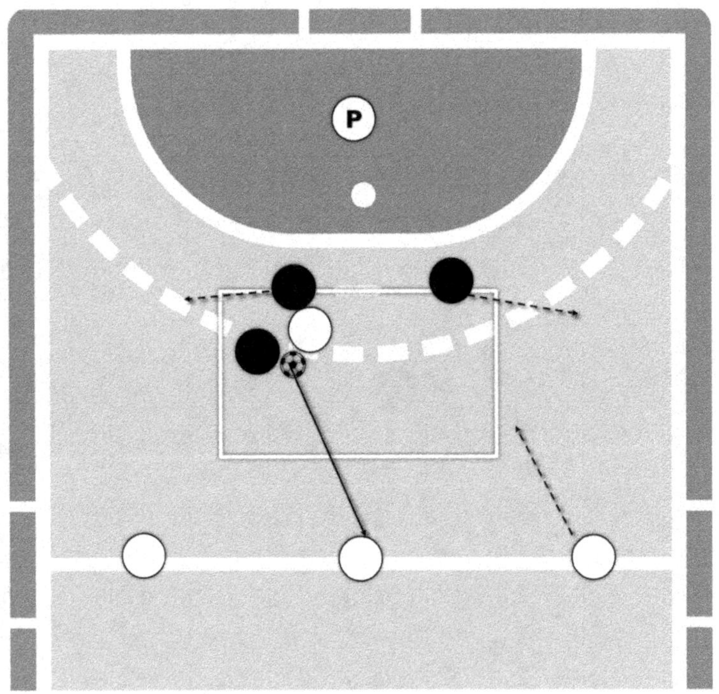

Tarea N° 45	Objetivo Principal	Mejora de la transición defensiva
	Jugadores	10

Explicación

Atacan tres contra uno y cuando tiran, pierden el balón o sale fuera, entrarán jugadores de la línea de fondo para atacar la portería alejada junto con el jugador que defendía y los que atacaban presionarán para recuperar después del lanzamiento y que no se acerquen a su portería. Irán alternando el número de jugadores que atacan y de los lugares que salen de la línea de fondo.

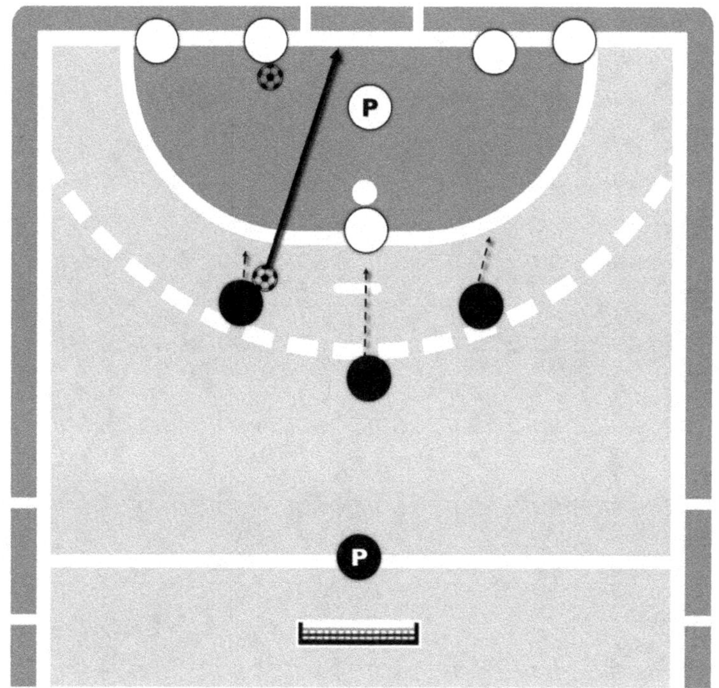

Tarea Nº 46	Objetivo Principal	Mejora de la transición defensiva
	Jugadores	8

Explicación

Los jugadores colocados como en la imagen, el equipo negro pasará el balón entre ellos, cuando jueguen con el más alejado de la portería, el equipo blanco podrá interceptar el pase y atacar hacia la portería, alternado el número y la posición de los jugadores que atacarán. Al perder el balón el equipo negro presionará para que no haga gol el equipo blanco.

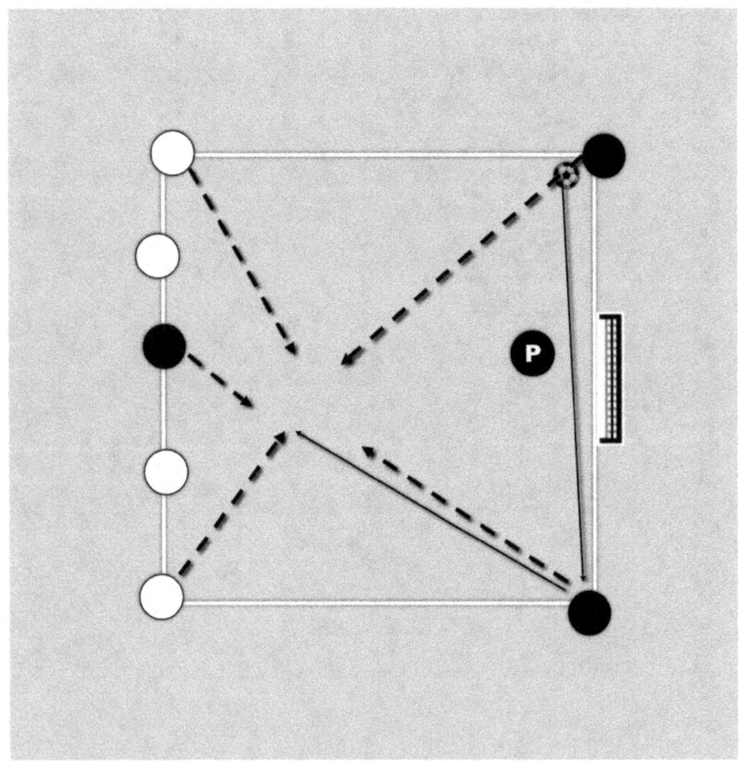

Tarea N° 47	Objetivo Principal	Mejora de la transición defensiva
	Jugadores	11

Explicación

Los jugadores colocados como en la imagen, el equipo negro pasará el balón entre ellos por dentro, cuando un jugador del equipo blanco intercepte entrarán cuatro jugadores a atacar, alternado la posición de los jugadores que entran en cada ocasión. Al perder el balón el equipo negro presionará para que no haga gol el equipo blanco.

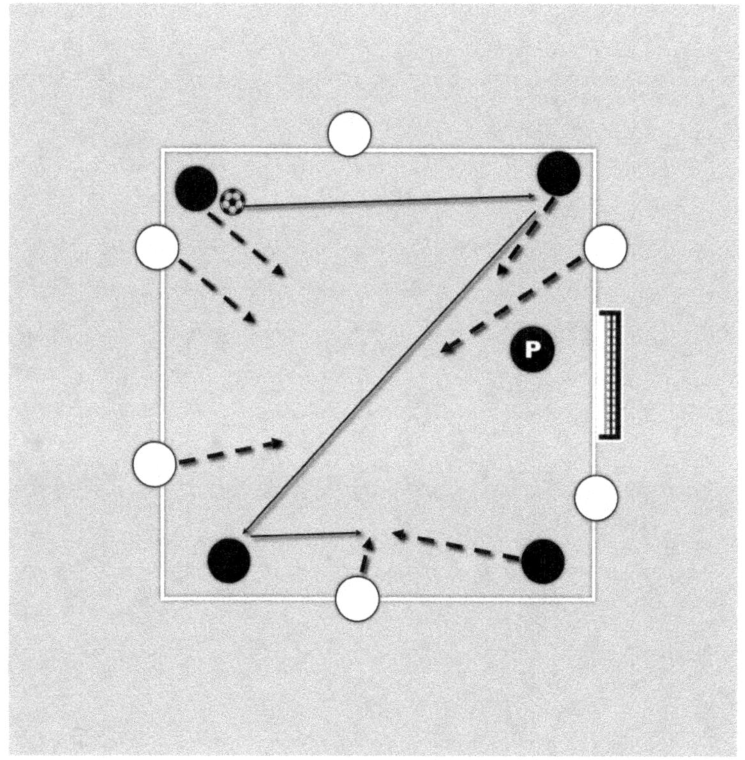

Tarea N° 48	Objetivo Principal	Mejora de la transición defensiva
	Jugadores	8

Explicación

Los jugadores colocados como en la imagen, el equipo negro pasará el balón entre ellos, cuando jueguen con el más alejado de la portería, el equipo blanco podrá interceptar el pase y atacar hacia la portería, alternado el número y la posición de los jugadores que atacarán. Al perder el balón el equipo negro, presionará para que no haga gol el equipo blanco.

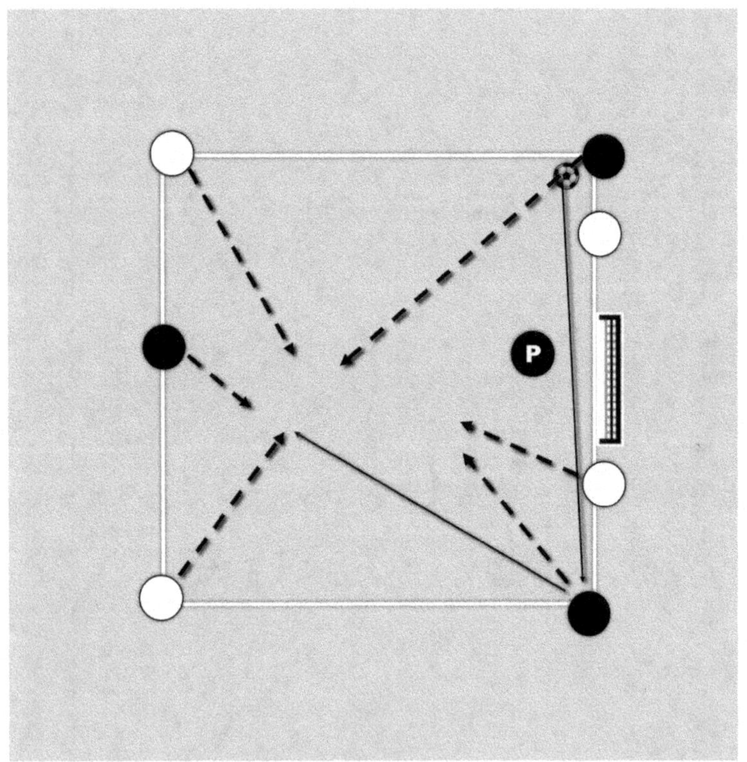

Tarea N° 49	Objetivo Principal	Mejora de la ocupación de espacios sin balón
	Jugadores	9

Explicación

Los jugadores distribuidos como en la imagen. El jugador del centro pasará con el más alejado de la portería y cuando los jugadores del otro quipo entren a presionar pasarán a uno de los compañeros (que se desmarcará) para atacar. Irán alternando los jugadores que entran para atacar.

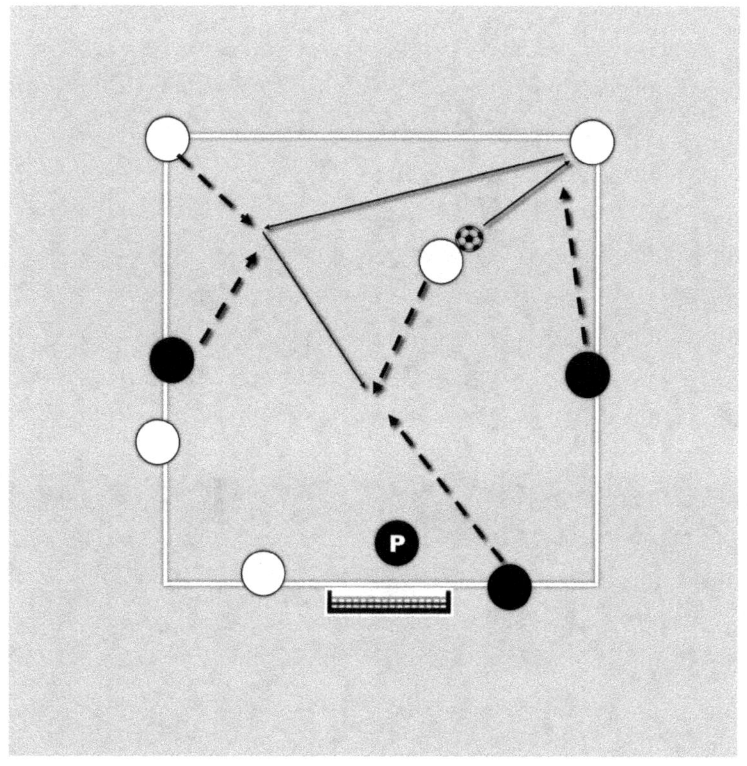

Tarea	Objetivo Principal	Mejora de la posesión de balón
N° 50	Jugadores	9 (4x4+C)

Explicación

Los jugadores distribuidos como en la imagen. Los jugadores del equipo blanco podrán presionar y tendrán libertad de movimientos para recuperar. Los jugadores del equipo negro cada uno en un cuadrado no podrán salir y apoyados por el comodín mantendrán la posesión del balón buscando al jugador libre. Cuando pierdan el balón cambiarán los roles.

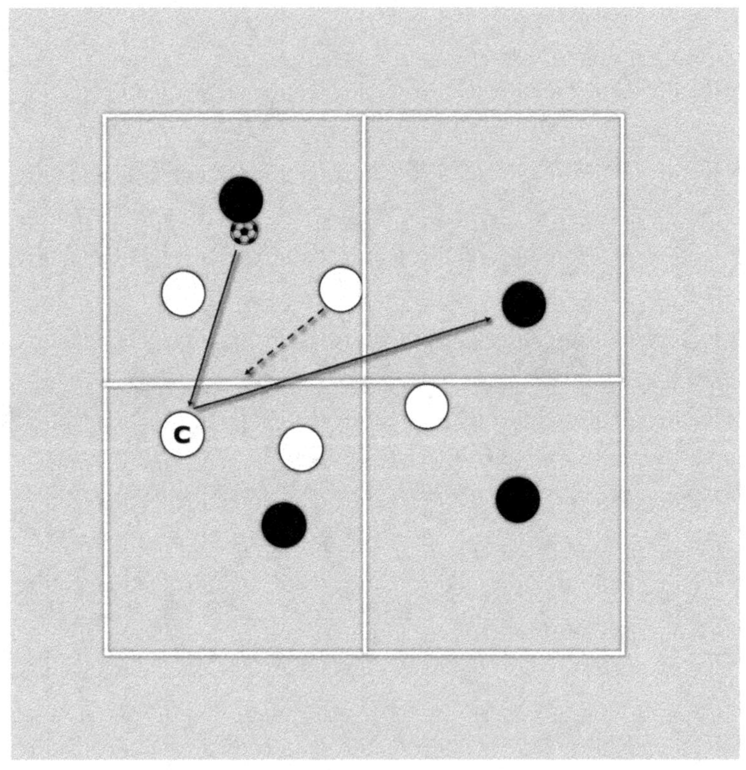

Tarea N° 51	Objetivo Principal	Mejora del concepto de atraer para pasar
	Jugadores	14 (P+6x6+P)

Explicación

Los jugadores se colocados en la disposición de la imagen, pudiendo cambiar el equipo con balón su disposición para atraer rivales. El equipo que no tiene el balón (blanco) coordinará para entrar en el cuadrado a presionar (cada vez un número de jugadores diferente). El otro equipo (negro) atraerá al rival y cuando entran a presionar jugarán con los más adelantados para poder atacar la portería. Si roba el equipo blanco intenta hacer gol y cambian los roles.

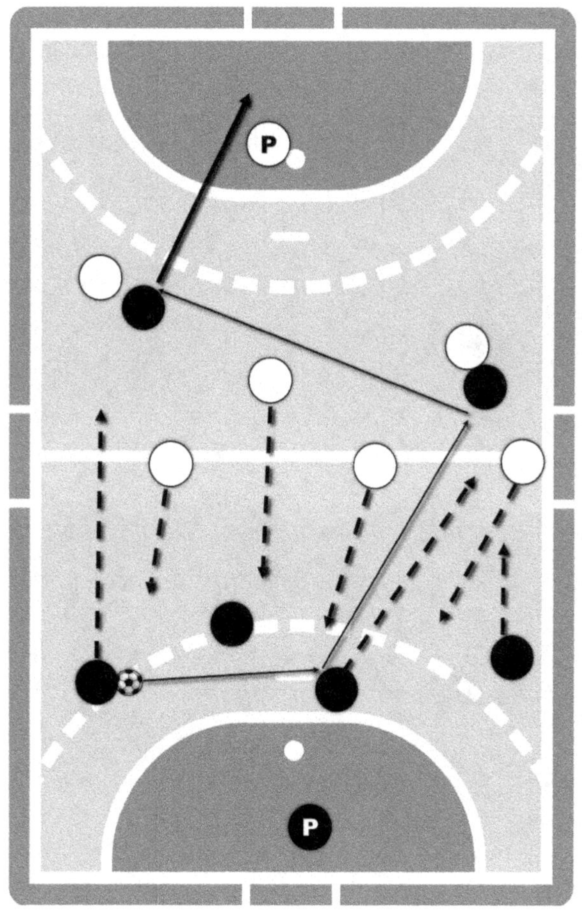

Tarea N° 52	Objetivo Principal	Mejora de la salida de presión
	Jugadores	9 (4x4+C)

Explicación

Un equipo tiene el balón y provoca para que el rival entre a presionar al cuadrado. El equipo que está fuera se coordina para entrar a presionar dejando uno o más jugadores entre los cuadrados para interceptar y cuando lo hacen el equipo que tiene el balón jugará con el comodín del otro cuadrado. Si entra un solo jugador dentro a presionar podrán pasar el balón al otro cuadrado. Cuando reciba el comodín les dejará allí el balón, se irá al otro cuadrado y de nuevo el otro equipo tendrá que entrar a presionar en el otro cuadrado (dejando jugadores para interceptar) y el equipo blanco pasar cuando lo hagan. Si roban o interceptan el balón cambiarán los roles.

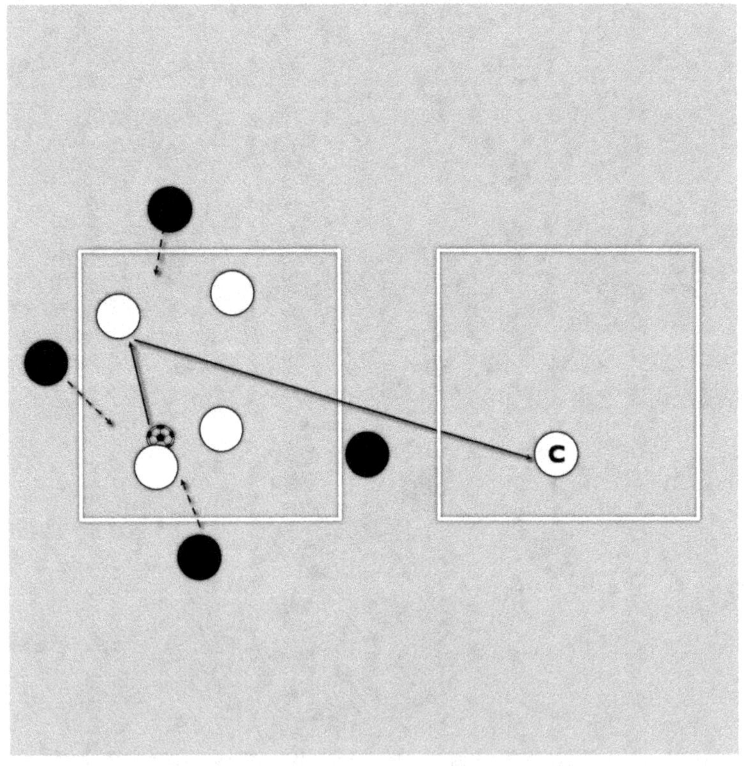

Tarea N° 53	Objetivo Principal	Mejora de la transición defensiva
	Jugadores	10 (5x5)

Explicación

En un rectángulo dividido en dos cuadrados, los jugadores se colocan en la disposición de la imagen. El equipo que no tiene el balón (negro) intentará interceptar un pase del equipo blanco, cuando lo haga, se irán algunos jugadores al otro campo para recibir y otros se quedarán como apoyos al que interceptó para jugar con los más adelantados y mantener la posesión en el rectángulo. El equipo blanco cuando pierda se tendrá que ordenar defensivamente atendiendo a los jugadores que queden en cada campo para recuperar en el menor tiempo posible. La distribución del equipo que recupera no será siempre la misma.

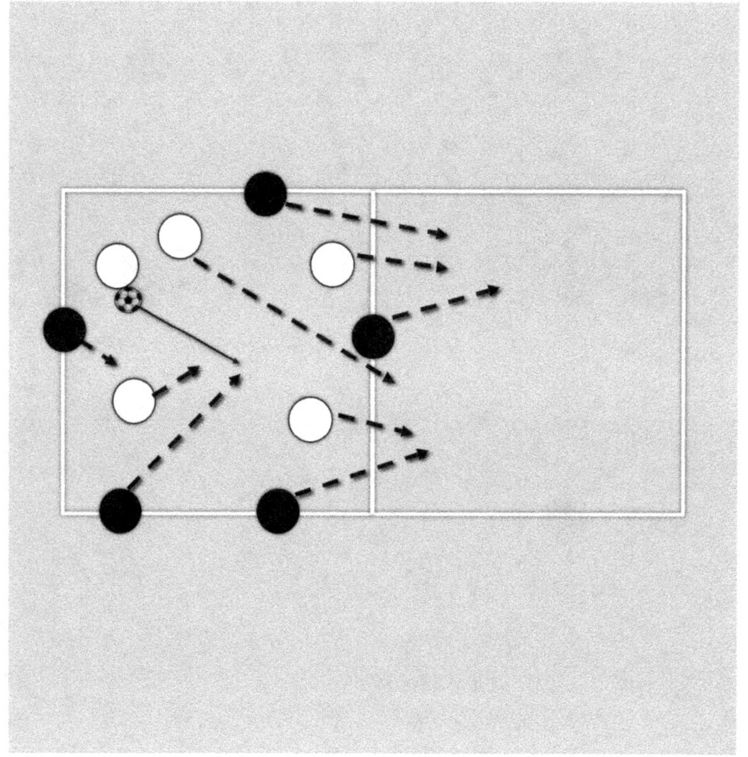

Tarea N° 54	Objetivo Principal	Mejora de la transición ofensiva
	Jugadores	10

Explicación

Los jugadores distribuidos como en la imagen. Tendrán que atravesar de uno en uno y de lado a lado el cuadrado, pasando por el cuadrado del centro. El jugador sin balón, intentará robar el balón a los que pasen por el cuadrado pequeño. Cuando lo haga lanzará a portería con la presión de uno de los jugadores de los vértices. El que perdió quedará en el cuadrado a la espera de robar a los jugadores que vayan pasando.

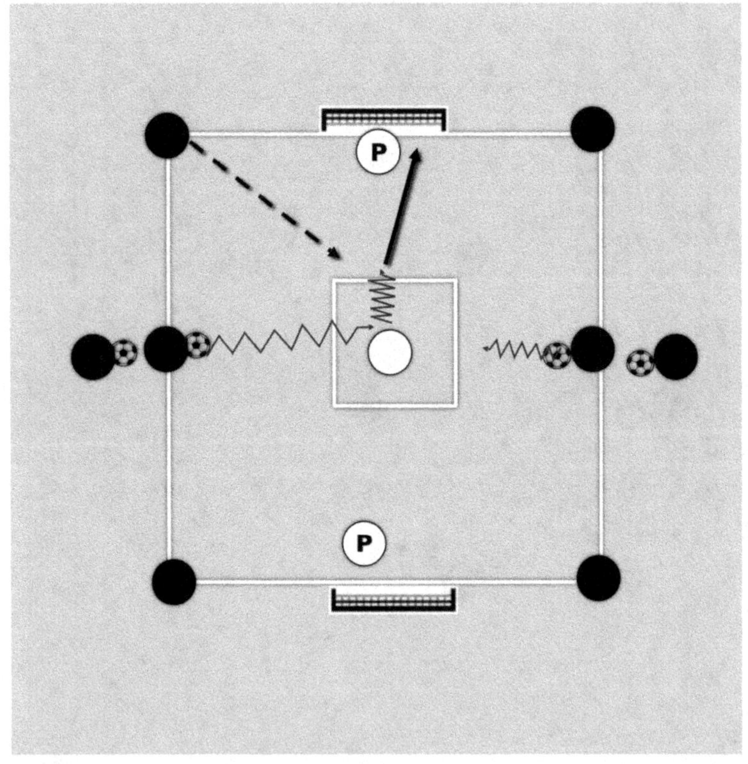

Tarea N° 55	Objetivo Principal	Mejora del concepto de atraer para pasar
	Jugadores	10

Explicación

Los jugadores distribuidos como en la imagen. Los dos jugadores del centro tienen el balón para atraer a dos jugadores rivales que irán a presionarles (irán cambiando en cada ocasión el lugar de donde van a presionar). Cuando vayan a la presión podrán jugar con uno de los compañeros de las esquinas para atacar una de las porterías.

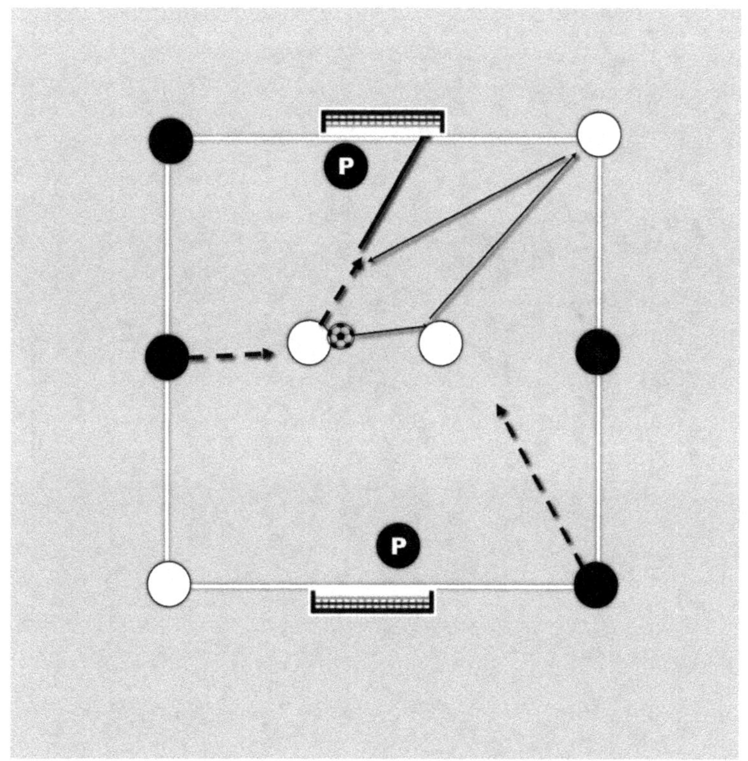

Tarea N° 56	Objetivo Principal	Mejora de la transición defensiva
	Jugadores	11 (5x5+P)

Explicación

En un rectángulo dividido en dos cuadrados, los jugadores se colocan en la disposición de la imagen. El equipo que no tiene el balón (negro) intentará interceptar un pase del equipo blanco, cuando lo consiga se irán algunos jugadores al otro campo para recibir y otros se quedarán como apoyos al que interceptó para jugar con los más adelantados. El equipo blanco cuando pierda se tendrá que ordenar defensivamente atendiendo a los jugadores que queden en cada campo para no recibir gol. La distribución del equipo que recupera no será siempre la misma.

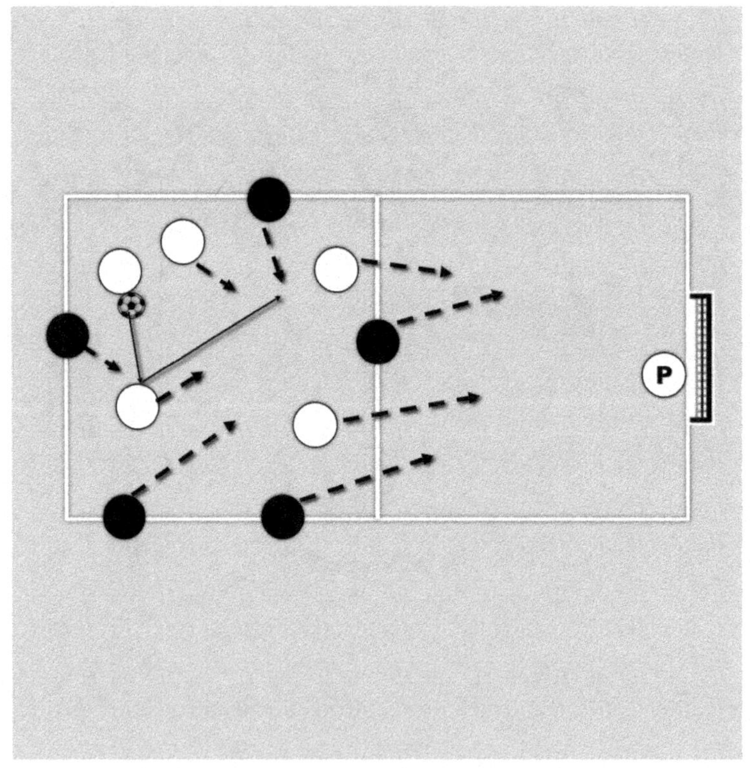

Tarea Nº 57	Objetivo Principal	Mejora del concepto de atraer para pasar
	Jugadores	9

Explicación

Los jugadores distribuidos como en la imagen. El jugador del centro tiene el balón e intenta atraer a   dos jugadores rivales que irán a presionarle (irán alternando el lugar desde el que lo harán). Cuando vayan a la presión podrá jugar con uno de los compañeros de las esquinas para atacar una de las porterías.

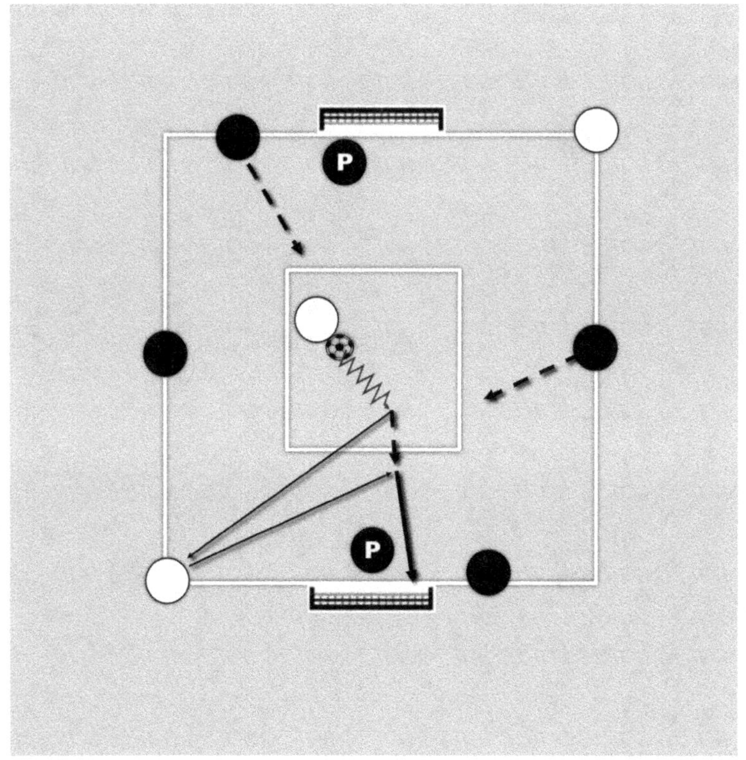

Tarea N° 58	Objetivo Principal	Mejora del concepto de atraer para pasar
	Jugadores	9

Explicación

Los jugadores distribuidos como en la imagen. El jugador del centro tiene el balón e intenta atraer a   dos jugadores rivales que irán a presionarle (irán alternando el lugar desde el que lo harán). Cuando vayan a la presión podrá jugar con los compañeros de los laterales para atacar una de las portería en situación de tres contra dos.

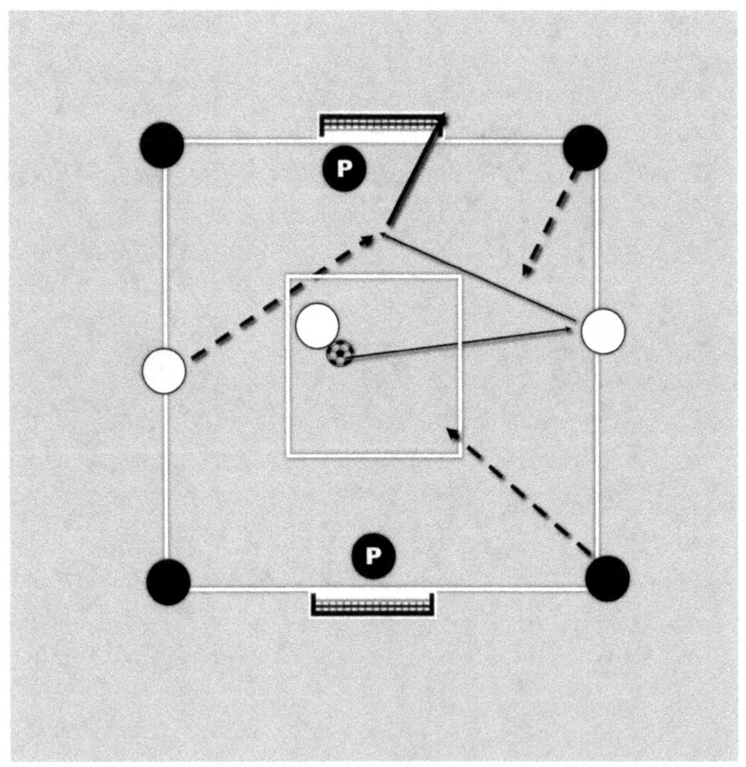

Tarea N° 59	Objetivo Principal	Mejora del concepto de atraer para pasar
	Jugadores	13

Explicación

Los jugadores se distribuyen como en la imagen. Pasan dos jugadores (equipo negro) en un cuadrado provocando que entren a presionar los jugadores del otro equipo (blanco). Cuando entran a presionar, los jugadores del equipo negro pasarán a uno de los jugadores que están fuera, salen para atacar y todo el equipo negro atacará la portería que defienden el portero y los jugadores del equipo blanco.

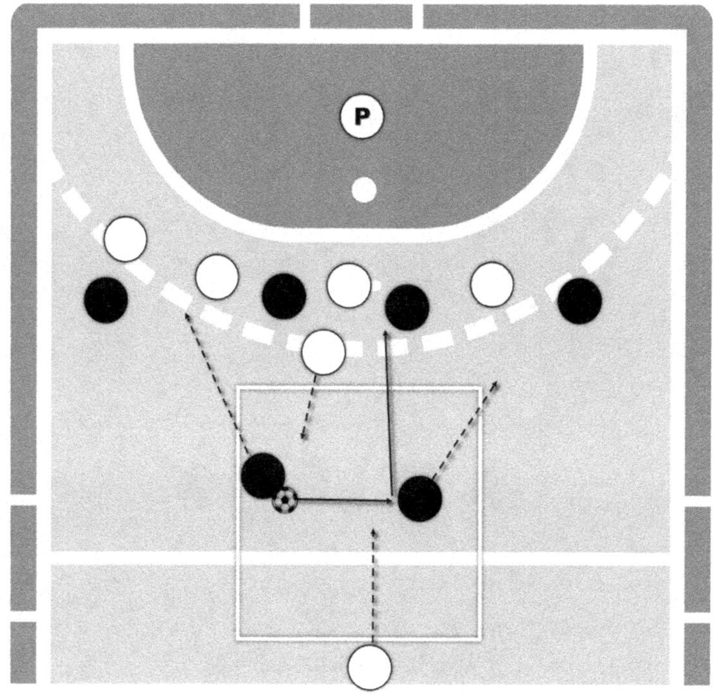

Tarea N° 60	Objetivo Principal	Mejora de la transición ofensiva
	Jugadores	10 (4+Px4+P)

Explicación

Atacan cuatro contra cuatro hacia una portería. Cada vez que un equipo ataca, el jugador que lanza a portería o pierde el balón, tendrá que ir hasta uno de los conos que hay en la línea de fondo rival y el equipo que recuperó hará un contrataque antes que se ordene el equipo que lanzó o perdió.

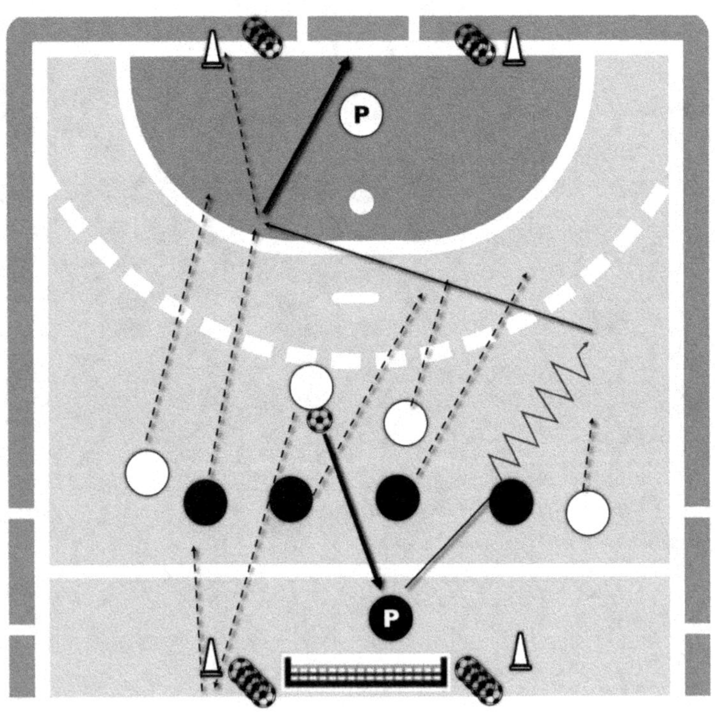

Tarea N° 61	Objetivo Principal	Mejora de la transición ofensiva
	Jugadores	14 (6+Px6+P)

Explicación

Atacan seis contra seis hacia una portería. Cada vez que un equipo ataca, el jugador que tira a puerta o pierde el balón y otro compañero tendrán que ir hasta uno de los conos que hay en la línea de fondo rival y el equipo que recuperó hará un contrataque antes que se ordene el equipo que tiró o perdió.

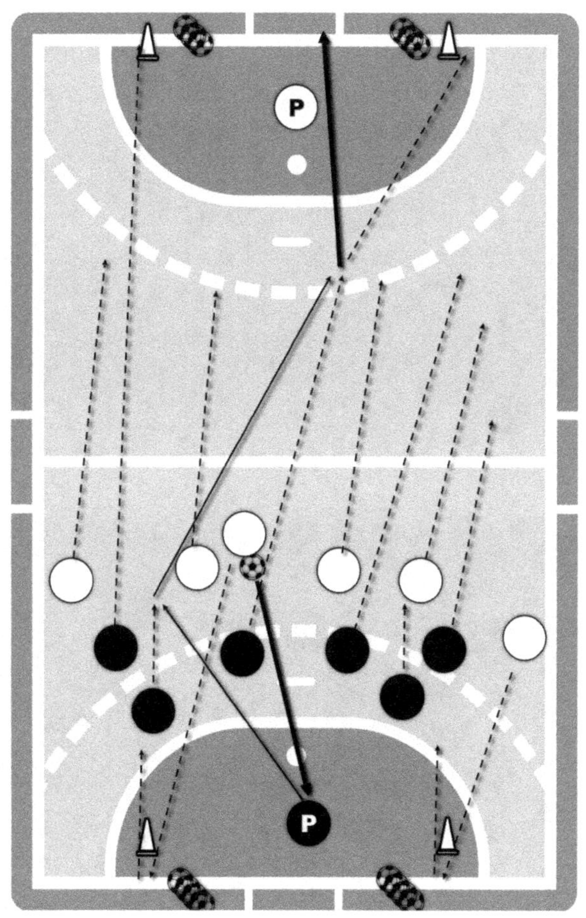

Tarea Nº 62	Objetivo Principal	Transición ofensiva y defensiva
	Jugadores	14

Explicación

Los equipos atacarán seis contra cinco. Cuando un equipo roba el balón, juega con el jugador que no defendió (que estará buscando la mejor disposición) y el jugador que pierde o lanza a portería no participa en defensa a la espera de que su equipo recupere el balón o el rival finalice y juegue con él para aprovechar los espacios a la espalda.

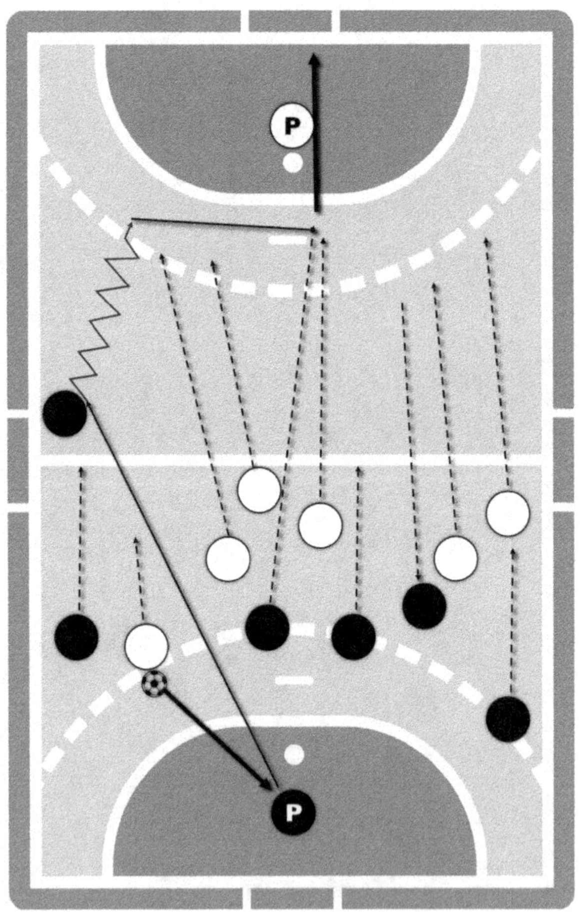

Tarea N° 63	Objetivo Principal	Mejora de la transición ofensiva
	Jugadores	14

Explicación

El campo marcado como en la imagen. Cuando los equipos pierdan el balón o acaben una jugada, todos los jugadores replegarán por detrás de la línea menos un número de jugadores que quedarán presionando que se irá alternando de manera aleatoria (no siempre los mismos, ni el mismo número)

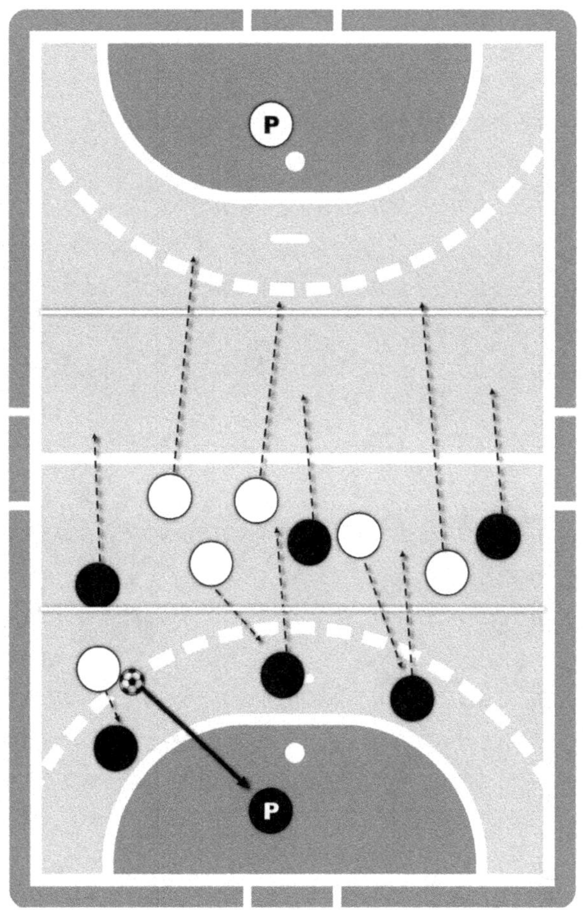

Tarea N° 64	Objetivo Principal	Mejora de la transición ofensiva
	Jugadores	14 (6+Px6+P)

Explicación

Partido en el que los dos equipos presionarán con marcas individuales al hombre al equipo contrario por todo el campo cada vez que se produzca una pérdida de balón. Las marcas no podrán ser las mismas cada vez que se pierda el balón.

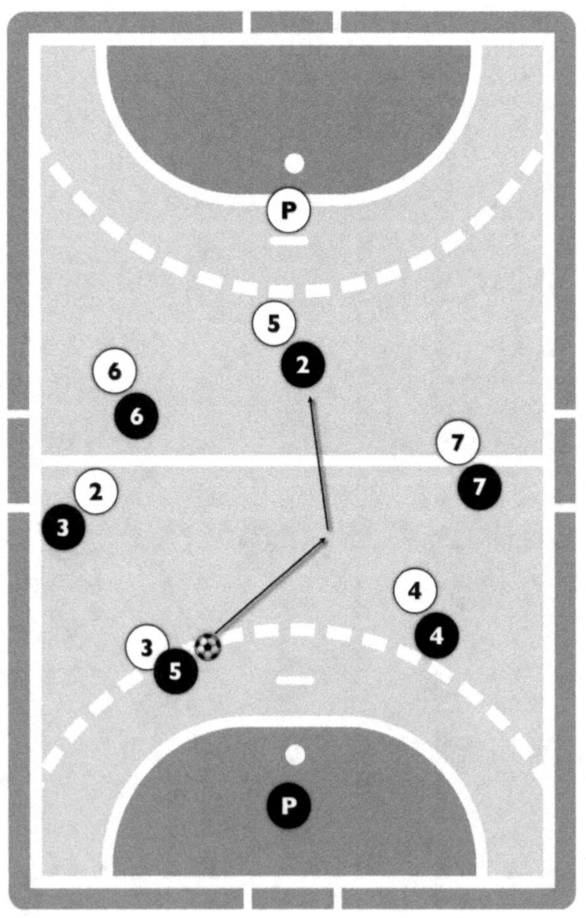

Tarea N° 65	Objetivo Principal	Mejora de la fase con balón
	Jugadores	14

Explicación

En un rectángulo dividido en tres campos iguales, los jugadores se distribuirán 2 en la zona central y uno sobre la línea. Los jugadores sobre las líneas solo podrán interceptar pases en defensa, en ataque esperarán que sus compañeros atraigan a los rivales para recibir en profundidad y atacar la portería rival. Cuando lo hagan, podrán entrar de manera aleatoria previamente coordinado por el entrenador uno o dos jugadores para defender, cambiando el número y la disposición de los jugadores que entran a defender en cada ataque.

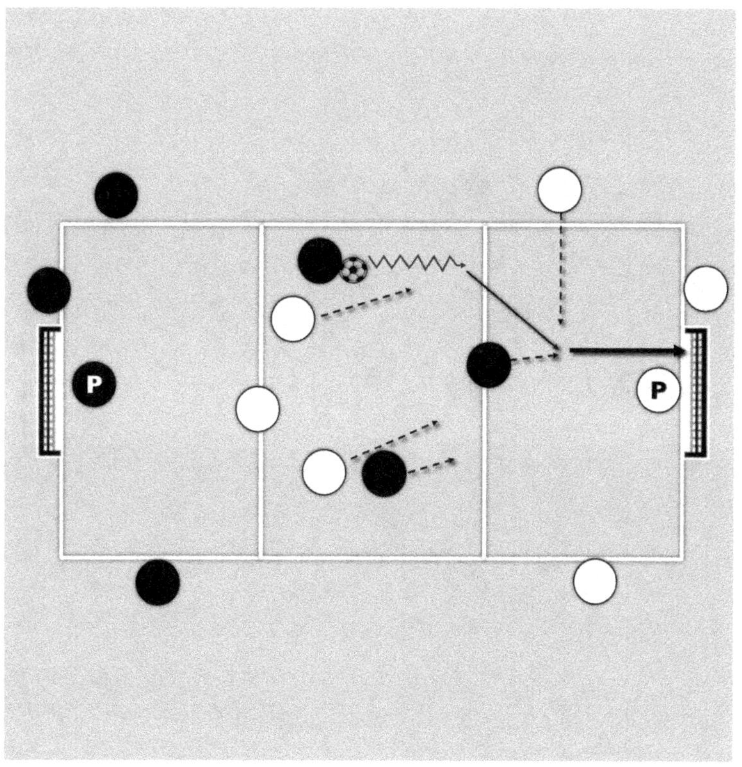

Tarea N° 66	Objetivo Principal	Mejora de la fase sin balón
	Jugadores	10

Explicación

En un rectángulo dividido en tres campos iguales. En la zona central habrá un jugador de cada equipo y sobre la línea defensiva del equipo que ataca 3 jugadores y del equipo que defiende uno. Los jugadores de la línea del equipo que ataca se irán incorporando a posiciones adelantadas de manera aleatoria y nunca dos jugadores a la vez. El jugador defensor estará vigilando los jugadores que se incorporan al ataque para defender. Si un equipo recupera, se incorporarán los dos jugadores que estaban fuera a la línea y salen dos de la línea del equipo que perdió el balón.

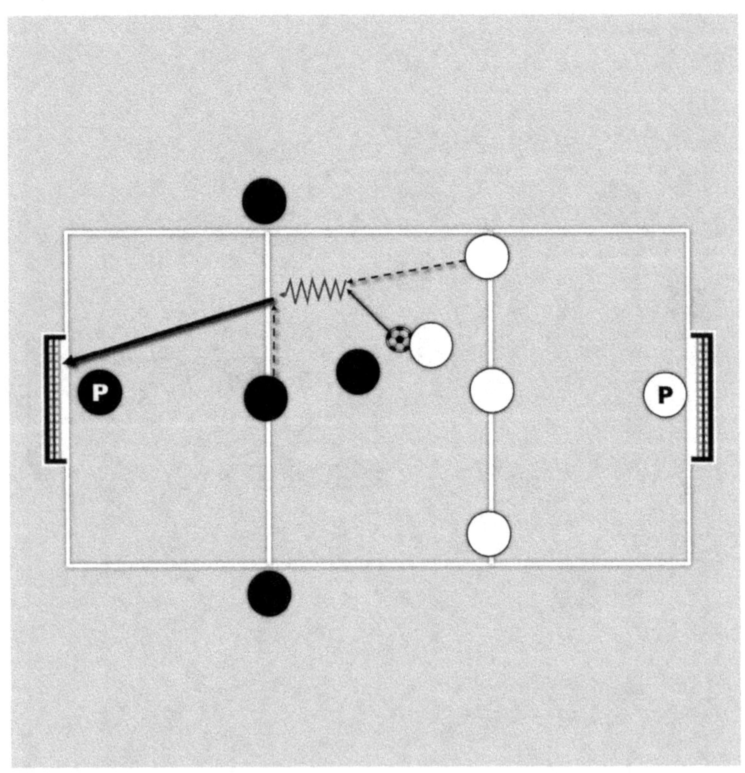

Tarea N° 64	Objetivo Principal	Mejora de la fase con balón
	Jugadores	10

Explicación

Los jugadores distribuidos como en la imagen. Los jugadores en situación de uno contra uno del centro intentarán pasar al compañero del pasillo y los jugadores de fuera podrán entrar en los pasillos para interceptar los pases, pero no podrán permanecer en ellos.

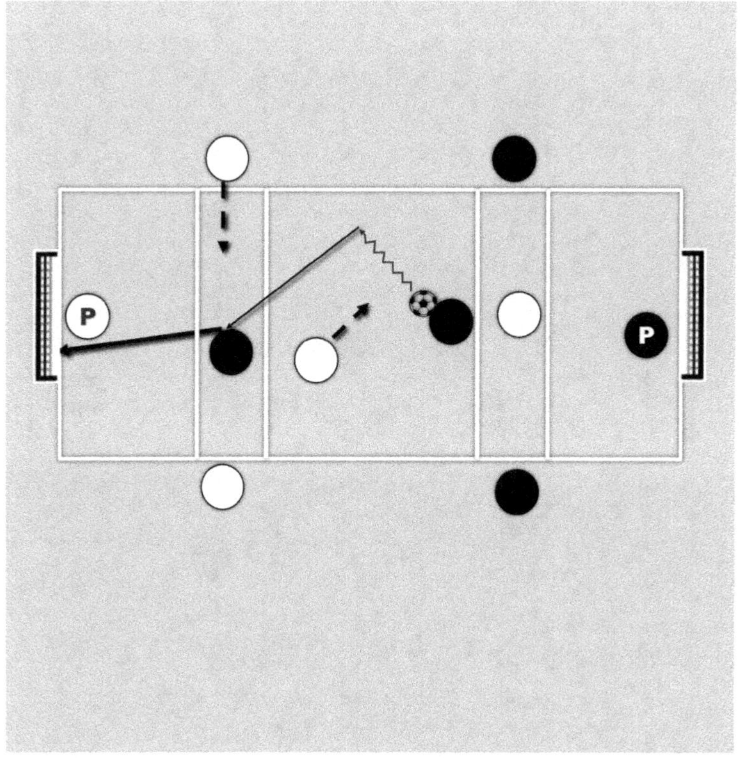

Tarea N° 68	Objetivo Principal	Mejora de la fase con balón
	Jugadores	10

Explicación

Los jugadores distribuidos como en la imagen. Los jugadores en situación de uno contra uno del centro intentarán pasar al compañero del pasillo y los jugadores de fuera podrán entrar de manera aleatoria (pero solo uno) para poner oposición al lanzador. Si recuperan pasan al del centro para que juegue con el jugador del pasillo.

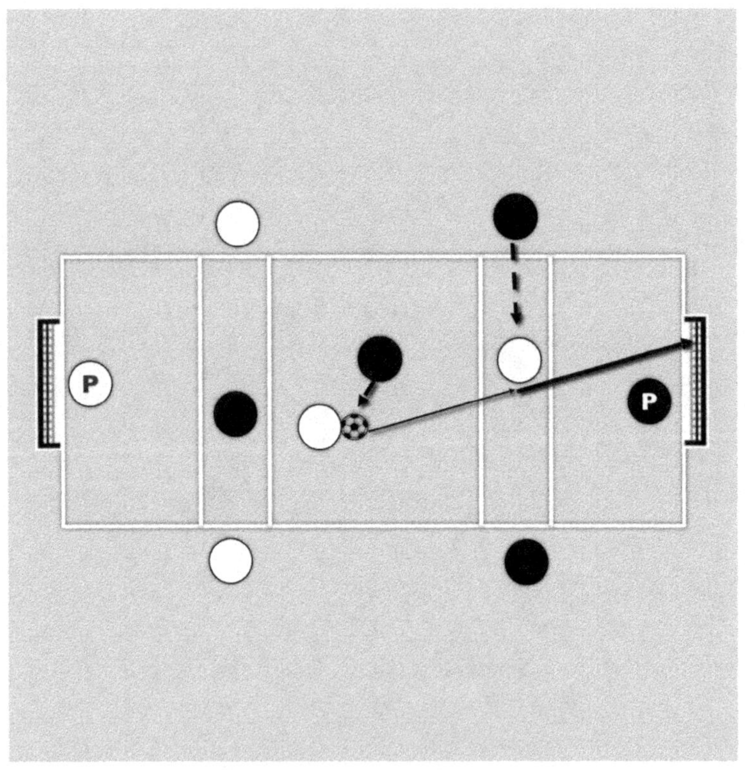

Tarea N° 69	Objetivo Principal	Mejora de las vigilancias
	Jugadores	12

Explicación

En un rectángulo dividido en tres campos iguales, los jugadores se distribuirán tres en la zona central y uno sobre la línea. Los jugadores sobre las líneas solo podrán interceptar pases en defensa y en ataque participarán como apoyos. Los jugadores de los vértices participarán haciendo desmarques constantemente y de manera aleatoria cuando su equipo tiene el balón, serán vigilados y presionados (cuando reciban) por los de las líneas para que no puedan lanzar.

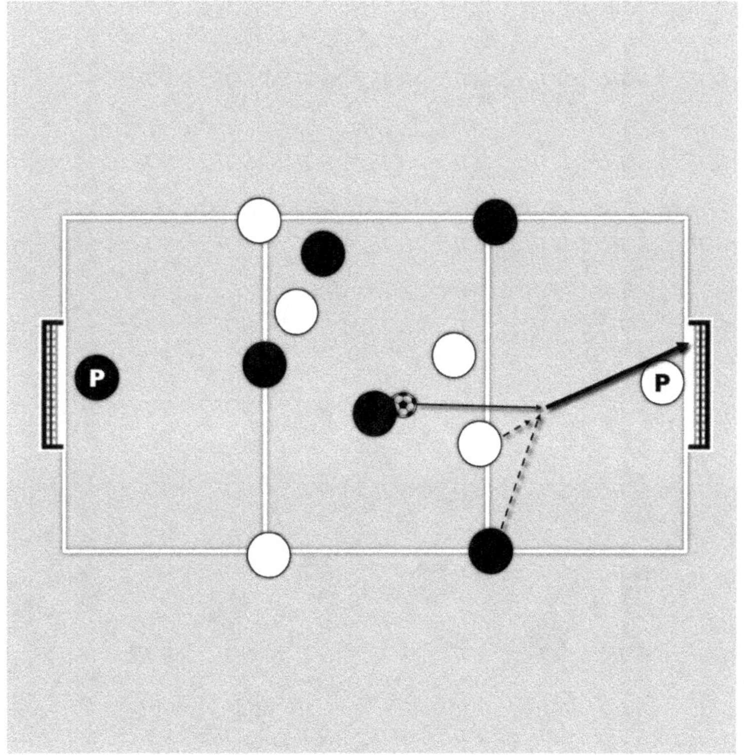

Tarea N° 70	Objetivo Principal	Mejora de la fase con balón
	Jugadores	14 (P+6x6+P)

Explicación

Los equipos cuando pierden el balón repliegan colocándose sobre la línea discontinua (9 metros) un numero de jugadores distintos en cada ocasión. Los demás estarán por delante de la línea de nueve metros para evitar que pasen el balón al jugador rival que se colocará entre la línea de seis y la de nueve metros.

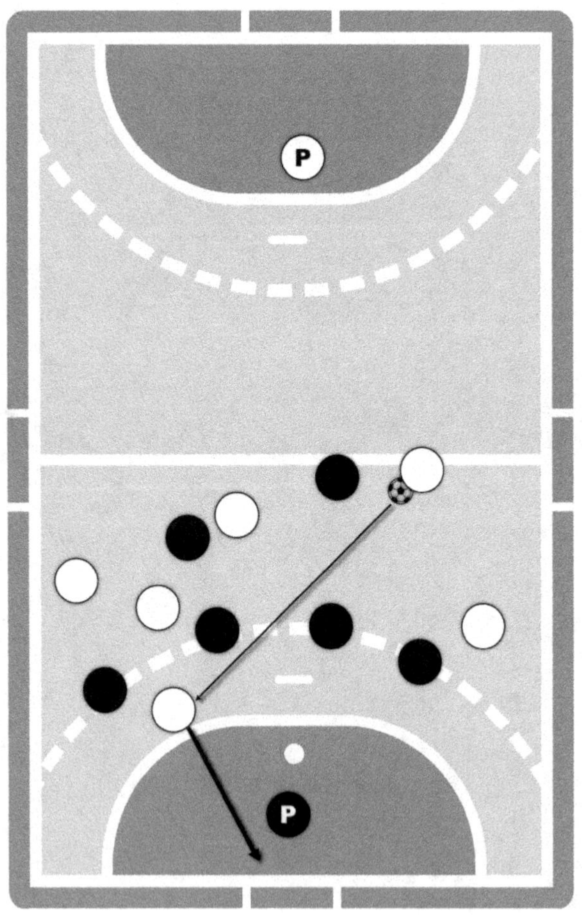

BIBLIOGRAFÍA

- Alarcón, F.; Cárdenas, D.; Clemente, V.; Collado, J. A. (Coord.); Guillén, J. C.; Jiménez, M.; Lázaro J.; Mercadé, O.; Ardoy, D. N.; Rivilla, I. y Sánchez, M. (2018): *Neurociencia, deporte y educación*. Editorial Wanceulen.
- Antón García, J. L. (2000): *Balonmano: Perfeccionamiento e investigación*. Editorial Inde.
- Ballarini, F. (2016): *REC: Porqué recordamos lo que recordamos y olvidamos lo que olvidamos*. Editorial Debate.
- Bargh, J. (2018): ¿Por qué hacemos lo que hacemos?: el poder del inconsciente. Editorial Ediciones B.
- Caballero, M. (2017): *Neuroeducación de profesores y para profesores: De profesor a maestro de cabecera*. Editorial Ediciones Pirámide.
- Camacho Larrazaga, P. y Martín Barrero, A. (2019): *La enseñanza de los deportes de invasión en la educación física. Una propuesta basada en el baloncesto*. Editorial Wanceulen.
- Crespo García, Manuel J. (2020): *Neurociencia aplicada al fútbol. Propuesta práctica*. Editorial Wanceulen.
- Espar, Xesco (2010): *Jugar con el corazón: La excelencia no es suficiente*. Plataforma Editorial.
- Feu Molina, S.; García Rubio, J. e Ibáñez Godoy, S. (2018): *Avances científicos para el aprendizaje y desarrollo del balonmano*. Universidad de Extremadura, Servicio de publicaciones.
- Garganta, J. y Pinto, J. en Graça, A. y Oliveira, J. (1997): *La enseñanza de los juegos Deportivos*. Editorial Paidotribo.
- González García, Iván (2019): *Balonmano actual: Análisis del juego e indicadores de rendimiento*. Editorial Wanceulen.
- Jackson, Phil (2014): *Once anillos*. Editorial Roca.
- Jozami, Silvina (2019): *Potenciando tu mente deportiva. Neurociencia simple para transformar el rendimiento deportivo*. Editorial Caligrama.
- Marí, Pep (2011): Aprender de los campeones. Plataforma Editorial.
- Marí, Pep (2019): *Equipos campeones: Cómo convertir un buen equipo en uno mucho mejor*. Editorial Plataforma Impresa.

- Martín Barrero, A. y Camacho Lazarraga, P. (Coords.) (2019): *Nuevas tendencias en entrenamiento y planificación.* Editorial Wanceulen.
- Mora, F. (2014): *¿Cómo funciona el cerebro?* Alianza editorial.
- Mora, F. (2017): *Neuroeducación: sólo se puede aprender de aquello que se ama.* Alianza editorial.
- Navarro Valdivieso, F.; González Ravé, J. M. y Pablos Abella, C. (2014): *Entrenamiento Deportivo. Teoría y Práctica.* Editorial Médica Panamericana.
- Pérez, Marcial (2019): *Mente Deportiva: Entrenar el cerebro para extender los límites del rendimiento.* Autoría Editorial.
- Pinaud, P. y Díez E. (2016): *Percepción y creatividad en el proceso de aprendizaje del balonmano.* Stonberg Editorial.
- Ponz Callen, J. M.; Lasierra Aguila, G. y De Andrés, A. (2005): *1013 ejercicios y juegos aplicados al balonmano.* Editorial Paidotribo.
- Revuelta Candón, Amalia (2016): *El cerebro decide.* Editorial Fútbol Táctico.
- Romeo Murgó, J. (2019): *Juegos predeportivos.* Editorial Paidotribo.
- Tamorri, Stéfano (2004): *Neurociencias y deporte. Psicología deportiva. Procesos mentales del atleta.* Editorial Paidotribo.
- Timón Benítez, L. M. y Hormigo Gamarro, F. (2010): *Balonmano en la escuela: Nuevos enfoques metodológicos y actividades para su enseñanza en al escuela y clubes deportivos.* Editorial Wanceulen.
- Torres Martín, C. e Iniesta Molina, J. A. (2015): *La formación del educador deportivo en balonmano.* Editorial Wanceulen.